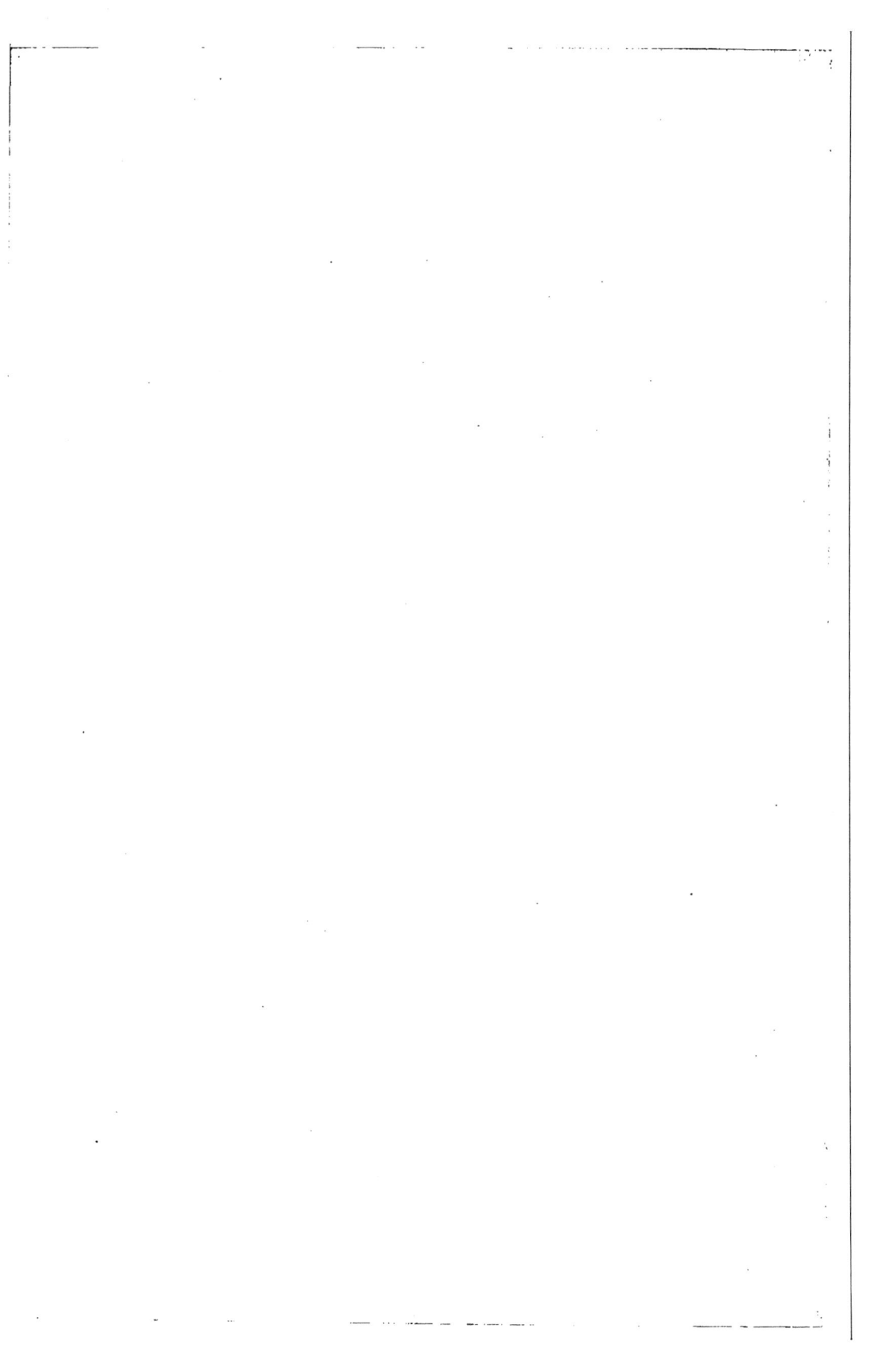

# LA CITÉ

## DE

# CARCASSONNE

# LA CITÉ

## DE

# CARCASSONNE

### (AUDE)

## PAR E. VIOLLET LE DUC

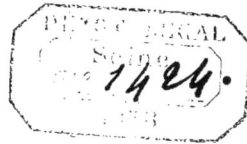

## PARIS

### Vᵒ A. MOREL ET Cⁱᵉ, ÉDITEURS

13, RUE BONAPARTE, 13

—

### 1878

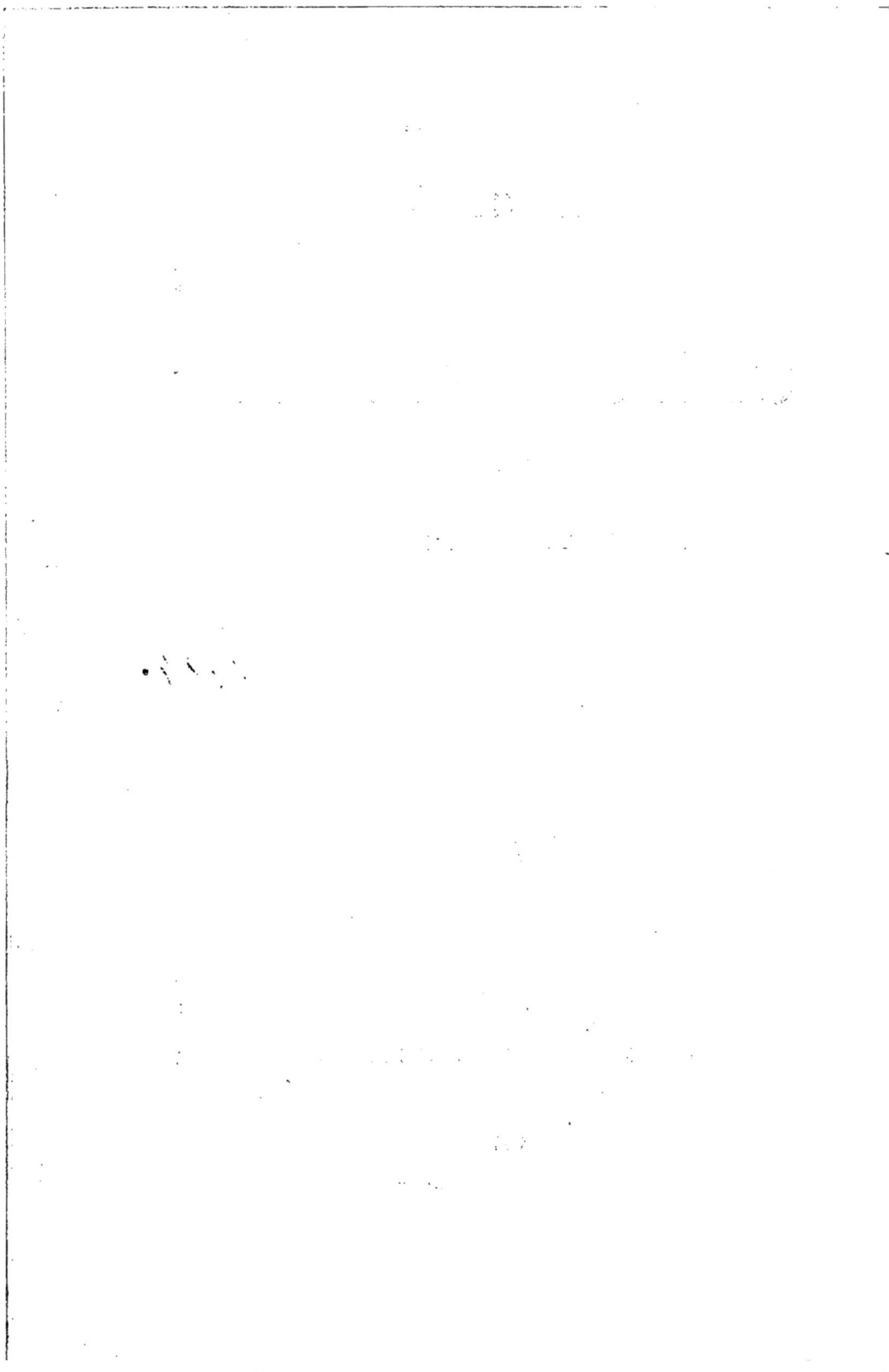

# LA CITÉ

## DE

# CARCASSONNE

---

## HISTORIQUE

Vers l'an 636 de Rome, le Sénat, sur l'avis de Lucius
Crassus, ayant décidé qu'une colonie romaine serait établie à
Narbonne, la lisière des Pyrénées fut bientôt munie de postes
importants afin de conserver les passages en Espagne et de
défendre le cours des rivières. Les peuples Volces Tecto-
sages n'ayant pas opposé de résistance aux armées romaines,
la République accorda aux habitants de Carcassonne, de
Lodève, de Nîmes, de Pézenas et de Toulouse la faculté de se
gouverner suivant leurs lois et sous leurs magistrats. L'an 70
avant J.-C., Carcassonne fut placée au nombre des cités nobles
ou élues. On ne sait quelle fut la destinée de Carcassonne
depuis cette époque jusqu'au IVe siècle. Elle jouit, comme
toutes les villes de la Gaule méridionale, d'une paix pro-
fonde ; mais après les désastres de l'Empire, elle ne fut plus
considérée que comme une citadelle (*castellum*). En 350 les
Francs s'en emparèrent, mais peu après les Romains y ren-
trèrent.

1

En 407, les Goths pénétrètent dans la Narbonnaise première, ravagèrent cette province, passèrent en Espagne, et, en 436, Théodoric, roi des Visigoths, s'empara de Carcassonne. Par le traité de paix qu'il conclut avec l'Empire en 439, il demeura possesseur de cette ville, de tout son territoire et de la Novempopulanie, située à l'ouest de Toulouse.

C'est pendant cette domination des Visigoths que fut bâtie l'enceinte intérieure de la cité sur les débris des fortifications romaines. En effet, la plupart des tours visigothes encore debout sont assises sur des substructions romaines qui semblent avoir été élevées hâtivement, probablement au moment des invasions franques. Les bases des tours visigothes sont carrées ou ont été grossièrement arrondies pour recevoir les défenses du v⁰ siècle.

Du côté méridional de l'enceinte on remarque des soubassements de tours élevées au moyen de blocs énormes, posés à joints vifs et qui appartiennent certainement à l'époque de la décadence de l'Empire.

Quoi qu'il en soit, il est encore facile aujourd'hui de suivre toute l'enceinte des Visigoths (voir le plan général, fig. 16) ¹. Cette enceinte affectait une forme ovale avec une légère dépression sur la face occidentale, suivant la configuration du plateau sur lequel elle est bâtie. Les tours, espacées entre elles de 25 à 30 mètres environ, sont cylindriques à l'extérieur, terminées carrément du côté de la ville et réunies entre elles par de hautes courtines (fig. 1). Toute la construction visigothe est élevée par assises de petits moellons de

---

1. Des fouilles nous ont permis de reconnaître les fondations de cette enceinte sur les points où elle a été supprimée, à la fin du xiiiᵉ siècle, pour augmenter le périmètre de la cité.

$0^m,10$ à $0^m,12$ de hauteur environ, avec rangs de grandes briques alternées. De larges baies en plein cintre sont

Fig. 1.

ouvertes dans la partie cylindrique de ces tours, du côté de la campagne, un peu au-dessus du terre-plein de la ville; elles étaient garnies de volets de bois à pivots horizontaux et tenaient lieu de meurtrières. Le couronnement de ces tours consistait en un crénelage couvert. Des chemins de ronde des courtines on communiquait aux tours par des portes dont les linteaux en arcs surbaissés étaient soulagés par un arc plein cintre en brique. Un escalier de bois mettait à l'intérieur l'étage inférieur en communication avec le crénelage supérieur qui était ouvert du côté de la ville par une arcade percée dans le pignon.

Malgré les modifications apportées au système de défense de ces tours, pendant les xii<sup>e</sup> et xiii<sup>e</sup> siècles, on retrouve toutes les traces des constructions des Visigoths. Jusqu'au niveau du sol des chemins de ronde des courtines, ces tours sont entièrement pleines et présentent ainsi un massif puissant propre à résister à la sape et aux béliers.

Les Visigoths, entre tous les peuples barbares qui envahirent l'Occident, furent ceux qui s'approprièrent le plus promptement les restes des arts romains, au moins en ce qui regarde les constructions militaires et, en effet, ces défenses de Carcassonne ne diffèrent pas de celles appliquées à la fin de l'Empire en Italie et dans les Gaules. Ils comprirent l'importance de la situation de Carcassonne, et ils en firent le centre de leurs possessions dans la Narbonnaise.

Le plateau sur lequel est assise la cité de Carcassonne commande la vallée de l'Aude, qui coule au pied de ce plateau, et par conséquent la route naturelle de Narbonne à Toulouse. Il s'élève entre la montagne Noire et les versants des Pyrénées, précisément au sommet de l'angle que forme la rivière de l'Aude en quittant ces versants abrupts, pour se détourner vers l'est. Carcassonne se trouve ainsi à cheval sur la seule vallée qui conduise de la Méditerranée à l'Océan et à l'entrée des défilés qui pénètrent en Espagne par Limoux, Alet,

Quillan, Mont-Louis, Livia, Puicerda ou Campredon. L'assiette était donc parfaitement choisie et elle avait été déjà prise par les Romains qui, avant les Visigoths, voulaient se ménager tous les passages de la Narbonnaise en Espagne.

Mais les Romains trouvaient par Narbonne une route plus courte et plus facile pour entrer en Espagne et ils n'avaient fait de Carcassonne qu'une citadelle, qu'un *castellum*, tandis que les Visigoths, s'établissant dans le pays après de longs efforts, durent préférer un lieu défendu déjà par la nature, situé au centre de leurs possessions de ce côté-ci des Pyrénées, à une ville comme Narbonne, assise en pays plat, difficile à défendre et à garder. Les événements prouvèrent qu'ils ne s'étaient point trompés ; en effet, Carcassonne fut leur dernier refuge lorsqu'à leur tour ils furent en guerre avec les Francs et les Bourguignons.

En 508, Clovis mit le siége devant Carcassonne et fut obligé de lever son camp sans avoir pu s'emparer de la ville,

En 588, la cité ouvrit ses portes à Austrovalde, duc de Toulouse, pour le roi Gontran ; mais peu après, l'armée française ayant été défaite par Claude, duc de Lusitanie, Carcassonne rentra au pouvoir de Reccarède, roi des Visigoths.

Ce fut en 713 que finit ce royaume ; les Maures d'Espagne[1] devinrent alors possesseurs de la Septimanie. On ne peut se livrer qu'à de vagues conjectures sur ce qu'il advint de Carcassonne pendant quatre siècles ; entre la domination des Visigoths et le commencement du XII$^e$ siècle, on ne trouve pas de traces appréciables de constructions dans la cité, non plus que sur ses remparts. Mais, à dater de la fin du

[1], Sous le commandement de Moussa-ben-Nossaïr.

xi° siècle, des travaux importants furent entrepris sur plusieurs points. En 1096, le pape Urbain II vint à Carcassonne pour rétablir la paix entre Bernard Aton et les bourgeois qui s'étaient révoltés contre lui et il bénit l'église cathédrale (Saint-Nazaire), ainsi que les matériaux préparés pour l'achever. C'est à cette époque en effet que l'on peut faire remonter la construction de la nef de cette église.

Sous Bernard Aton, la bourgeoisie de Carcassonne s'était constituée en milice et il ne paraît pas que la concorde régnât entre ce seigneur et ses vassaux, car ceux-ci battus par les troupes d'Alphonse, comte de Toulouse, venu en aide à Bernard, furent obligés de se soumettre et de se cautionner. Les biens des principaux révoltés furent confisqués au profit du petit nombre des vassaux restés fidèles, et Bernard Aton donna en fief à ces derniers les *tours* et les maisons de Carcassonne, à la condition, dit Dom Vaissette : « de faire le guet et de garder la ville, les uns pendant quatre, les autres pendant huit mois de l'année et d'y résider avec leurs familles et leurs vassaux durant tout ce temps-là. Ces gentilshommes, qui se qualifiaient de châtelains de Carcassonne, promirent par serment au vicomte de garder fidèlement la ville. Bernard Aton leur accorda divers priviléges, et ils s'engagèrent à leur tour à lui faire hommage et à lui prêter serment de fidélité. C'est ce qui a donné l'origine, à ce qu'il paraît, aux mortes-payes de la cité de Carcassonne, qui sont des bourgeois, lesquels ont encore la garde et jouissent pour cela de diverses prérogatives. »

Ce fut probablement sous le vicomte Bernard Aton ou, au plus tard, sous Roger III, vers 1130, que le château fut élevé et les murailles des Visigoths réparées. Les tours du château, par leur construction et les quelques sculptures qui décorent les chapiteaux des colonnettes de marbre servant de meneaux aux fenêtres géminées, appartiennent certainement à la première moitié du xiie siècle. En parcourant l'enceinte intérieure de la cité, ainsi que le château, on peut facilement reconnaître les parties des bâtisses qui datent de cette époque ; leurs parements sont élevés en grès jaunâtre et par assises de 0ᵐ,15 à 0ᵐ,25 de hauteur, sur 0ᵐ,20 à 0ᵐ,30 de largeur, et grossièrement appareillés.

Le 1ᵉʳ août 1209, le siége fut mis devant Carcassonne par l'armée des croisés, commandée par le célèbre Simon de Montfort.

Le vicomte Roger avait fait augmenter les défenses de la cité et celle des deux faubourgs de la Trivalle et de Graveillant, situés entre la ville et l'Aude, ainsi que vers la route de Narbonne.

Les défenseurs, après avoir perdu les faubourgs, manquant d'eau, furent obligés de capituler. Le siége entrepris par l'armée des croisés ne dura que du 1ᵉʳ au 15 août, jour de la reddition de la place. On ne peut admettre que pendant ce court espace de temps les assiégeants aient pu exécuter les travaux de mine ou de sape qui ruinèrent une partie des murailles et tours des Visigoths ; d'autant qu'il existe des reprises faites pendant le xiie siècle pour consolider et surélever les tours visigothes qui avaient été fort compromises par la sape et la mine.

Il faut donc admettre que les travaux de siége et les brèches dont on signale la trace, notamment sur le côté nord, sont dus aux Maures d'Espagne, lorsqu'ils conquirent ce dernier boulevard des rois visigoths. Bernard Aton ne peut être, non plus, l'auteur de ces travaux de mine, car le traité qui lui rend la cité occupée par ses sujets révoltés n'in-

dique pas qu'il ait eu à faire un long siége et que les
défenseurs fussent réduits aux dernières extrémités.

Le vicomte Raymond Roger, au mépris des traités et de
la capitulation qui rendait la cité de Carcassonne aux croisés,
était mort en prison dans une des tours en novembre 1209.
Depuis lors, Raymond de Trincavel, son fils, avait été
dépouillé, en 1226, par Louis VIII de tous ses biens recon-
quis sur les croisés. Carcassonne alors fit partie du domaine
royal, et un sénéchal y commandait pour le roi de France.

En 1240, ce jeune vicomte Raymond de Trincavel, dernier des vicomtes de Béziers, et qui avait été remis en 1209
aux mains du comté de Foix (il était alors âgé de deux ans),
se présente tout à coup dans les diocèses de Narbonne et
de Carcassonne avec un corps de troupes de Catalogne et
d'Aragon. Il s'empare, sans se heurter à une sérieuse résistance, des châteaux de Montréal, des villes de Montolieu, de
Saissac, de Limoux, d'Azillan, de Laurens et se présente
devant Carcassonne.

Il existe deux récits du siége de Carcassonne entrepris
par le jeune vicomte Raymond en 1240, écrits par des
témoins oculaires : celui de Guillaume de Puy-Laurens,
inquisiteur pour la Foi dans le pays de Toulouse et celui du
sénéchal Guillaume des Ormes, qui tenait la ville pour le
roi de France. Ce dernier récit est un rapport, sous forme
de journal, adressé à la reine Blanche, mère de Louis IX.

Cette pièce importante nous explique toutes les dispositions de l'attaque et de la défense[1]. A l'époque de ce siége,
les remparts de Carcassonne n'avaient ni l'étendue ni la force

---

1. Le rapport du sénéchal Guillaume des Ormes, et le récit de Guillaume
de Puy-Laurens ont été publiés et annotés par M. Douët d'Arcq, dans la
*Biblioth. de l'École des Chartes*, 2e série, tome II, p. 363.

qui leur furent données depuis par Louis IX et Philippe le
Hardi. Les restes encore très-apparents de l'enceinte des
Visigoths, réparée au xiie siècle, et les fouilles entreprises en
ces derniers temps, permettent de tracer exactement les
défenses existant au moment où le vicomte Raymond de
Trincavel prétendit les forcer.

Nous donnons ci-après, figure 2, le plan de ces défenses,
avec les faubourgs y attenant, les barbacanes et le cours de
l'Aude.

L'armée de Trincavel investit la place le 17 septembre 1240, et s'empare du faubourg de Graveillant, qui est
aussitôt repris par les assiégés. Ce faubourg, dit le *Rapport*,
est *ante portam Tolosæ*. Or la porte de Toulouse n'est
autre que la porte dite de l'*Aude* aujourd'hui, laquelle est
une construction romane percée dans un mur visigoth, et le
faubourg de Graveillant ne peut être, par conséquent, que
le faubourg dit de la *Barbacane*. La suite du récit fait voir
que cette première donnée est exacte.

Les assiégeants venaient de Limoux, c'est-à-dire du
midi, ils n'avaient pas besoin de passer l'Aude devant Carcassonne pour investir la place. Un pont de pierre existait
sur l'Aude. Ce pont est encore entier aujourd'hui : c'est le
*vieux pont* dont la construction date, en partie, du xiie siècle.
Il ne fut que réparé et muni d'une tête de pont, sous
saint Louis et sous Philippe le Hardi. Il est indiqué en P
sur notre figure 2.

Raymond de Trincavel n'ignorait pas que les assiégés
attendaient des secours qui ne pouvaient se jeter dans la cité
qu'en traversant l'Aude, puisqu'ils devaient se présenter par
le nord-ouest. Aussi le vicomte s'empara du pont, et, pour-
suivant son attaque le long de la rive droite du fleuve vers

l'amont, il essaya de couper toute communication de l'assiégé
avec la rive gauche.

Ne pouvant tout d'abord se maintenir dans le faubourg
de Graveillant, en G (voir la fig. 2), il s'empare d'un moulin fortifié, M, sur un bras de l'Aude, fait filer ses troupes de
ce côté, les loge dans les parties basses du faubourg, et dispose son attaque de la manière suivante : une partie des assaillants, commandés par Ollivier de Thermes, Bernard Hugon
de Serre-Longue et Giraut d'Aniort, campent entre le saillant
nord-ouest de la ville et la rivière, creusent des fossés de
contrevallation et s'entourent de retranchements palissadés.

L'autre corps, commandé par Pierre de Fenouillet,
Renaud de Puy et Guillaume Fort, est logé devant la barbacane qui existait en B et celle de la porte dite *Narbonnaise,* en N.

En 1240, outre ces deux barbacanes, il en existait une
en D[1] qui permettait de descendre du château dans le faubourg[2] et une en H faisant face au midi. La grande barbacane D servait encore à protéger la porte de Toulouse T
(aujourd'hui porte de l'Aude).

Il faut observer que les seuls points où le sol extérieur
soit à peu près au niveau des lices (car Guillaume des
Ormes signale l'existence des lices L et par conséquent d'une
enceinte extérieure), sont les points O et R. Quant au sol de
la barbacane D du château, il était naturellement au niveau
du faubourg et par conséquent fort au-dessous de l'assiette
de la cité. Tout le front occidental de la cité est bâti sur un
escarpement très-élevé et très-abrupt.

1. Reconstruite sous saint Louis.
2. Toutes les défenses du château datent du xii<sup>e</sup> siècle sauf celles du
front sud.

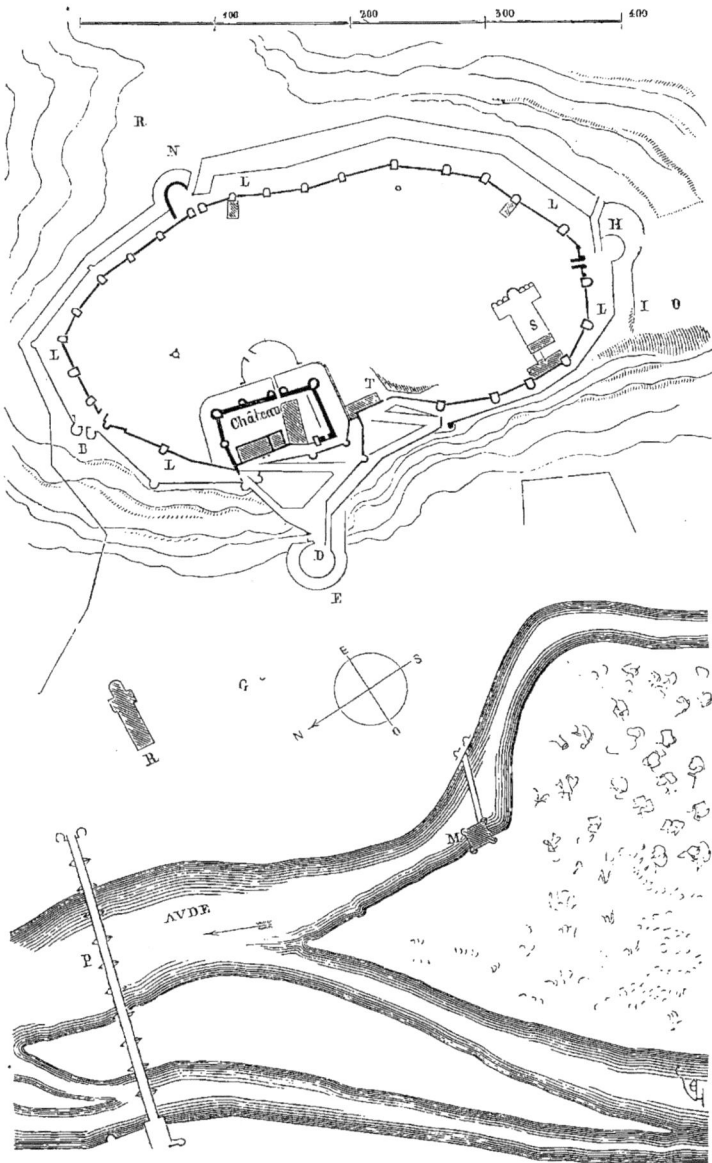

Fig. 2.

En reprenant tout d'abord le faubourg aux assiégeants, les défenseurs de la ville s'étaient empressés de transporter dans leur enceinte une quantité considérable de bois qui leur fut d'un grand secours; mais ils avaient dû renoncer à se maintenir dans ce faubourg.

Le vicomte fit donc attaquer en même temps la barbacane D du château pour ôter aux assiégés toute chance de reprendre l'offensive, la barbacane B (c'était d'ailleurs un saillant), la barbacane N de la porte Narbonnaise et le saillant I, au niveau du plateau qui s'étendait à 100 mètres de ce côté vers le sud-ouest.

Les assiégeants, campés entre la place et le fleuve, étaient dans une assez mauvaise position; aussi se retranchent-ils avec soin et couvrent-ils leurs fronts d'un si grand nombre d'arbalétriers que personne ne pouvait sortir de la ville sans être blessé.

Bientôt ils dressèrent un mangonneau devant la barbacane D.

Les assiégés, de leur côté, dans l'enceinte de cette barbacane, élèvent une pierrière turque qui bat le mangonneau. Pour être autant défilé que possible, le mangonneau devait être établi en E.

Peu après les assiégeants commencent à miner sous la barbacane de la porte Narbonnaise en N, en faisant partir leurs galeries de mine des maisons du faubourg qui, de ce côté, touchaient presque aux défenses.

Les mines sont étançonnées et étayées avec du bois auquel on met le feu, ce qui fait tomber une partie des défenses de la barbacane.

Mais les assiégés ont contre-miné pour arrêter les progrès des mineurs ennemis et ont remparé la moitié de la barbacane restée debout. C'est par les travaux de mine que, sur les deux points principaux de l'attaque, les gens du vicomte tentent de s'emparer de la place; ces mines sont poussées avec une grande activité; elles ne sont pas plutôt éventées que d'autres galeries sont commencées.

Les assiégeants ne se bornent pas à ces deux attaques. Pendant qu'ils battent la barbacane D du château, qu'ils ruinent la barbacane N de la porte Narbonnaise, ils cherchent à entamer une portion des lices et ils engagent une attaque très-sérieuse sur le saillant en I entre l'évêché et l'église cathédrale de Saint-Nazaire, marquée S sur notre plan.

Comme nous l'avons dit, le plateau, sur ce point, s'étendait presque de niveau avec l'intérieur de la cité de I en O, et c'est pourquoi saint Louis et Philippe le Hardi firent, sur ce plateau, en dehors de l'ancienne enceinte visigothe, un ouvrage considérable, destiné à dominer l'escarpement.

L'attaque des troupes de Trincavel est de ce côté (point faible alors) très-vivement poussée; les mines atteignent les fondations de l'enceinte des Visigoths, le feu est mis aux étançons et dix brasses de courtines s'écroulent. Mais les assiégés se sont remparés en retraite de la brèche avec de bonnes palissades et des bretèches[1]; si bien que les troupes ennemies n'osent risquer l'assaut. Ce n'est pas tout, des galeries de mine sont aussi ouvertes devant la porte de Rodez, en B; les assiégés contre-minent et repoussent les travailleurs des assiégeants.

Cependant, des brèches étaient ouvertes sur divers points et le vicomte Raymond craignant de voir, d'un moment à l'autre, déboucher les troupes de secours envoyées du nord,

1. Sorte de petit blokaus en charpente.

se décide à tenter un assaut général. Ses gens sont repoussés avec des pertes sensibles, et, quatre jours après, sur la nouvelle de la venue de l'armée royale, il lève le siége, non sans avoir mis le feu aux églises du faubourg, et entre autres à celle des Minimes en R.

L'armée de Trincavel était restée vingt-quatre jours devant la ville.

Louis IX, attachant une grande importance à la place de Carcassonne qui couvrait cette partie du domaine royal devant l'Aragon, et prétendant ne plus avoir à redouter les conséquences d'un siége qui l'aurait mise entre les mains d'un ennemi sans cesse en éveil, voulut en faire une forteresse inexpugnable.

Il faut ajouter au récit du sénéchal Guillaume des Ormes un fait rapporté par Guillaume de Puy-Laurens. Dans la nuit du 8 au 9 septembre, les habitants du faubourg de Carcassonne (de la Trivalle; voir le plan, figure 2), malgré leur protestation de fidélité à la noblesse tenant pour le roi, avaient ouvert leurs portes aux soldats de Trincavel qui, dès lors, dirigea de ce faubourg son attaque de gauche contre la porte Narbonnaise. Saint Louis, sitôt après le siége levé, n'eut pas à détruire le bourg déjà brûlé par le vicomte Raymond, mais voulant d'une part punir les habitants de leur manque de foi, et de l'autre ne plus avoir à redouter un voisinage aussi compromettant pour la cité, il défendit aux gens du faubourg de Graveillant de rebâtir leurs maisons et fit évacuer le faubourg de la Trivalle. Ces malheureux durent s'exiler.

Louis IX commença immédiatement de grands ouvrages de défense autour de la cité; il fit raser les restes des faubourgs, débarrassa le terrain entre la cité et le pont et fit élever toute l'enceinte extérieure que nous voyons aujourd'hui, afin de se couvrir de tous côtés et de prendre le temps d'améliorer les défenses intérieures.

Ayant pu constater la faiblesse des deux parties de l'enceinte sur lesquelles le vicomte Raymond avait, avec raison, porté ses deux principales attaques, c'est-à-dire l'extrémité sud et la porte Narbonnaise, il étendit l'enceinte extérieure bien au delà de l'ancien saillant sud sur le plateau qui domine de ce côté un ravin aboutissant à l'Aude et vers la porte Narbonnaise, à 30 mètres environ en dehors, enclavant ainsi dans les nouvelles défenses les deux points principaux de l'attaque de Trincavel (fig. 16).

Résolu à faire de la cité de Carcassonne le boulevard de cette partie du domaine royal contre les entreprises des seigneurs hérétiques des provinces méridionales, saint Louis ne voulut pas permettre aux habitants des anciens faubourgs de rebâtir leurs habitations dans le voisinage de la cité. Sur les instances de l'évêque Radulphe [1], après sept années d'exil, il consentit seulement à laisser ces malheureux proscrits s'établir de l'autre côté de l'Aude. Voici les lettres patentes de saint Louis, expédiées à ce sujet [2] :

« Louis, par la grâce de Dieu, roy de France, à notre amé et féal Jean de Cravis, seneschal de Carcassonne, salut et dilection. Nous vous mandons que vous recevez en seureté les hommes de Carcassonne qui s'en estoient fuys, à cause qu'ils

1. Le tombeau de cet évêque est dans la petite chapelle bâtie à l'extrémité du bras de croix sud de l'église de Saint-Nazaire.

2. *Hist. des Antiq. et comtes de Carcassonne,* G. Besse, citoyen de Carcassonne, Béziers, 1645. « Ces lettres, dit Besse, furent exécutées par le seneschal, *pridie nonas Aprilis,* c'est-à-dire le 4 avril 1247, et, avec l'acte de leur exécution, se trouvent avoir esté transcrites en langage du pays, dans le livre manuscrit des coutumes de Carcassonne.

n'avoient payé à nous les sommes qu'ils devoient, les termes des payements escheus. Pour les demeures et habitations qu'ils demandent, vous en prendrez advis et conseil de nostre amé et féal l'evesque de Carcassonne et de Raymond de Capendu et autres bons hommes, pour leur bailler place pour habiter, proveu qu'aucun domage n'en puisse avenir à nostre chasteau et ville de Carcassonne. Voulons que leur rendez les biens et héritaiges et possessions, dont ils joüissoient avant la guerre, et les laissez joüir de leurs uz et coustumes, affin que nous ou nos successeurs ne les puissions changer. Entendons toutefoiz que lesdits hommes de Carcassonne doivent refaire et bastir à leurs despens les églises de Nostre-Dame et des Frères-Mineurs, qu'ils avoient démolies ; et au contraire n'entendons que vous recevez en façon quelconque aucun de ceux qui introduisirent le vicomte (de Trincavel) au bourg de Carcassonne, estant traistres, ains rappellerez les autres non coupables. Et direz de nostre part à nostre amé et féal l'évesque de Carcassonne, que des amendes qu'il prétend sur les fugitifs, il s'en désiste, et de ce luy en sçaurons gré. Donné à Helvenas, le lundy après la chaise de saint Pierre. »

Bien que nous n'ayons pas le texte original de cette pièce, mais seulement la transcription altérée évidemment par Besse, ce document n'en est pas moins très-important en ce qu'il nous donne la date de la fondation de la ville actuelle de Carcassonne. En effet, en exécution de ces lettres patentes, l'emplacement pour bâtir le nouveau bourg fut tracé au delà de l'Aude, et comme cet emplacement dépendait de l'évêché, le roi indemnisa l'évêque en lui donnant la moitié de la ville de Villalier. L'acte de cet échange fut passé à Aigues-Mortes avec le sénéchal en août 1248.

Ce bourg est aujourd'hui la ville de Carcassonne, élevée d'un seul jet sur un plan régulier, avec des rues alignées, coupées à angle droit, une place au centre et deux églises.

La prudence de Louis IX ne se borna pas à dégager les abords de la cité et à élever une enceinte extérieure nouvelle, il fit bâtir la grosse défense circulaire appelée la Barbacane, à la place de celle qui commandait le faubourg de Graveillant, lequel, rebâti plus tard, prit son nom de cet ouvrage.

Il mit cette barbacane en communication avec le château, par des rampes fortifiées, très-habilement conçues au point de vue de la défense de la place (fig. 16).

A la manière dont sont traitées les maçonneries de l'enceinte extérieure, il y a lieu de croire que les travaux furent poussés activement, afin de mettre, au plus tôt, la cité à l'abri d'un coup de main et pour donner le temps de réparer et d'agrandir l'enceinte intérieure.

Philippe le Hardi, lors de la guerre avec le roi d'Aragon, continua ces ouvrages avec activité. Ils étaient terminés au moment de sa mort (1285). Carcassonne était la place centrale des opérations entreprises contre l'armée aragonaise et un refuge assuré en cas d'échec.

A la place de l'ancienne porte appelée Pressam ou Narbonnaise ou des Salins, Philippe le Hardi fit construire une admirable défense, comprenant la porte Narbonnaise actuelle, la tour du Trésau et les belles courtines voisines. Du côté de l'ouest-sud-ouest, sur l'un des points vivement attaqués par l'armée de Trincavel, profitant du saillant que saint Louis avait fait faire, il rebâtit toute la défense intérieure, c'est-à-dire les tours nᵒˢ 39, 14, 40, 41, 42, 43 (porte de Razez, de Saint-Nazaire ou des Lices), ainsi que

2

les hautes courtines intermédiaires (fig. 16), de manière à mieux commander la vallée de l'Aude et l'extrémité du plateau. Un fait curieux donne la date certaine de cette partie de l'enceinte qui enveloppait l'évêché. En août 1280, à Paris, le roi Philippe permit à Isar, alors évêque de Carcassonne, de pratiquer quatre fenêtres grillées dans la courtine adossée à l'évêché, après avoir pris l'avis du sénéchal, et sous la condition expresse que ces fenêtres seraient murées en temps de guerre, sauf à pouvoir les rouvrir, la guerre terminée. Le roi s'obligeait à faire, à ses dépens, les égouts pour l'écoulement des eaux de l'évêché, à travers la muraille, et à l'évêque était réservée la jouissance des étages de la tour dite de l'Évêque (tour carrée n° 11, à cheval sur les deux enceintes), jusqu'au crénelage, sans préjudice des autres droits du prélat sur le reste des murailles de la ville. Or, ces quatre fenêtres n'ont point été ouvertes après coup, elles ont été bâties en élevant la courtine, et elles existent encore entre les tours nᵒˢ 39, 11 et 40; donc ces courtines et tours datent de 1280. Du côté du midi et du sud-est, Philippe le Hardi fit couronner, exhausser et même reconstruire sur quelques points les tours des Visigoths, ainsi que les anciennes courtines. Du côté du nord, on répara également les parties dégradées des murs anciens et on éleva une large barbacane devant l'entrée du château dans l'intérieur de la ville.

L'enceinte extérieure, que je regarde comme antérieure de quelques années aux réparations entreprises par Philippe le Hardi, pour améliorer l'enceinte intérieure — et je vais en donner des preuves certaines tout à l'heure — est bâtie en matériaux (grès) irréguliers et disposés sans choix, mais présentant des parements unis, tandis que toutes les constructions de la fin du xiiie siècle sont paramentées en pierres ciselées sur les arêtes, et forment des bossages rustiques qui donnent à ces constructions un aspect robuste et d'un grand effet. Tous les profils des tours de l'enceinte intérieure, réparée par Philippe le Hardi, sont identiques ; les culs-de-lampe des arcs des voûtes et les quelques rares sculptures, telles, par exemple, que la statue de la Vierge et la niche placées au-dessus de la porte Narbonnaise, appartiennent incontestablement à la fin du xiiie siècle.

Dans ces constructions, les matériaux sont de même nature, provenant des mêmes carrières et le mode d'appareil uniforme ; partout on rencontre ces bossages, aussi bien dans les parties complétement neuves, comme celles de l'ouest, du sud-ouest et de l'est, que dans les portions complétées ou restaurées, sur les constructions visigothes et du xiie siècle. Les moulures sont finement taillées et déjà maigres, tandis que l'enceinte extérieure présente dans ses meurtrières, ses portes et ses corbeaux, des profils très-simples et larges. Les clefs des voûtes de la tour no 18 (tour de la Vade ou du Papegay) sont ornées de figures sculptées présentant tous les caractères de l'imagerie du temps de saint Louis. De plus, entre la tour no 7 et l'échauguette de l'ouest, le parapet de la courtine a été exhaussé, en laissant toutefois subsister les merlons primitifs ainsi englobés dans la maçonnerie surélevée, afin de donner à cette courtine, jugée trop basse, un commandement plus considérable.

Or, cette surélévation est construite en pierres avec bossages, les créneaux sont plus espacés, l'appareil beaucoup plus soigné que dans la partie inférieure et parfaitement semblable, en tout, à l'appareil des constructions de 1280.

La différence entre les deux constructions peut être con-statée par l'observateur le moins exercé : donc, la partie infé-rieure étant semblable, comme procédés de structure, à tout le reste de l'enceinte extérieure, et la surélévation conforme, comme appareil, à toutes les constructions dues à Philippe le Hardi, l'enceinte extérieure a été évidemment élevée avant les restaurations et les adjonctions entreprises par le fils de Louis IX.

Du côté du sud-ouest, la muraille des Visigoths venait longer la façade ouest de l'église cathédrale de Saint-Nazaire (fig. 16). Cette façade, élevée, comme nous l'avons dit, à la fin du XIe siècle ou au commencement du XIIe, n'est qu'un mur fort épais sans ouverture dans la partie inférieure. Elle dominait l'enceinte visigothe et augmentait sa force sur ce point attaquable. Son couronnement consistait en un crénelage dont nous avons retrouvé les traces et que nous avons pu rétablir dans son intégrité.

Les fortifications de Philippe le Hardi laissèrent entre elles et cette façade (fig. 16) un large espace et la défense supérieure de la façade de Saint-Nazaire demeura sans objet puisqu'elle ne commandait plus les dehors.

Depuis lors il ne fut entrepris aucun travail de défense dans la cité de Carcassonne et, pendant tout le cours du moyen âge, cette forteresse fut considérée comme impre-nable. Le fait est qu'elle ne fut point attaquée et n'ouvrit ses portes au prince Noir, Édouard, en 1355, que quand tout le pays du Languedoc se fut soumis à ce conquérant.

## DESCRIPTION DES DÉFENSES DE LA CITÉ.

J'ai voulu donner un résumé très-succinct de l'histoire des constructions qui composent l'enceinte de la cité de Carcassonne, afin d'expliquer aux voyageurs curieux les irrégularités et les différences d'aspect que présentent ces défenses dont une partie date de la domination romaine et visigothe et qui ont été successivement modifiées et restaurées, pendant les xiie et xiiie siècles, par les vicomtes et par le roi de France.

Quand on se présente devant la cité de Carcassonne, on est tout d'abord frappé de l'aspect grandiose et sévère de ces tours brunes si diverses de dimensions, de forme, et qui suivent, ainsi que les hautes courtines qui les réunissent, les mouvements du terrain pour obtenir un commandement sur la campagne et profiter autant que possible des avantages naturels offerts par les escarpements du plateau, au bord duquel on les a élevées. Du côté oriental est ouverte l'entrée principale, la seule accessible aux charrois, c'est la porte Narbonnaise défendue par un fossé et une barbacane garnie de meurtrières et d'un crénelage avec chemin de ronde. L'entrée est biaise, de façon à masquer la porte de l'ouvrage principal. Un châtelet, qui peut être isolé de la barbacane, la précède, à cheval sur le pont qui était composé de deux tabliers mobiles en bois, dont les tourillons sont encore à leur place. Cette barbacane et le châtelet sont ouverts à la gorge afin d'être battus par les défenses supérieures de la porte Narbonnaise, si ces premiers ouvrages tombaient au pouvoir de l'ennemi.

Du côté extérieur, les deux grosses tours entre lesquelles

est ouverte la porte, sont renforcées par des *becs,* sortes
d'éperons destinés à éloigner l'assaillant du point tangent
le plus attaquable, de le forcer de se démasquer, à faire
dévier le bélier (bosson en langue d'Oïl), ou à présenter une
plus forte épaisseur de maçonnerie à la mine.

L'entrée était d'abord fermée par une chaîne dont les
attaches sont encore à leur place et qui était destinée à
empêcher des chevaux lancés d'entrer dans la ville. Un
machicoulis protége la première herse et la première porte
en bois avec barres ; dans la voûte est percé un second machicoulis, puis on trouve un troisième machicoulis devant la
seconde herse. Il n'était donc pas facile de franchir tous ces
obstacles. Mais cette entrée était défendue d'une manière plus
efficace encore en temps de guerre.

Au-dessus de l'arc de la porte, des deux côtés de la
niche occupée par la statue de la Vierge, se voient, sur les
flancs de chacune des deux tours, trois entailles proprement
faites ; les deux voisines de l'angle sont coupées carrément
et d'une profondeur de $0^m,20$, la troisième est coupée en
biseau comme pour recevoir le pied d'un lien de bois ou
d'un chevron incliné. Au-dessus de la niche de la Vierge
on remarque trois autres trous carrés profonds, destinés à
recevoir des pièces de bois formant une forte saillie. Ces
trous recevaient, en effet, les pièces de bois d'un auvent formant une saillie prononcée au-dessus de la porte, proté-
geant la niche et les gens de garde à l'entrée de la ville.

Cet auvent subsistait en temps de paix ; en temps de
guerre il servait de machicoulis. A $1^m,30$ au-dessus du faî-
tage de cet auvent on voit encore, sur les flancs des deux
tours, de chaque côté, quatre entailles ou trous carrés au
même niveau, les trois premiers au-dessus de ceux servant

de points d'appui aux chevrons de l'auvent et le quatrième à 0<sup>m</sup>,60 en avant. Là était établi le plancher du deuxième machicoulis. Une cinquième entaille, faite entre les deux dernières et un peu au-dessus, servait de garde pour recevoir le madrier mobile destiné à protéger les assiégés contre les projectiles lancés du dehors de bas en haut et maintenait, par un système de décharges, tout cet étage supérieur en l'empêchant de basculer. On ne pouvait communiquer des tours à ces mâchicoulis extérieurs que par une ouverture pratiquée au deuxième étage et par des échelles, de façon à isoler ces machicoulis dans le cas où les assaillants s'en seraient emparés. Ces ouvrages de bois étaient protégés par des mantelets percés de meurtrières. L'assaillant, pour pouvoir s'approcher de la première herse, devait donc affronter une pluie de traits et les projectiles jetés de trois machicoulis, deux posés en temps de guerre et un dernier tenant à la construction elle-même. Ce n'est pas tout : le sommet des tours était garni de hourds en charpente que l'on posait également en temps de guerre [1]. Les trous destinés au passage des solives en bascule qui supportaient ces hourds sont tous intacts et disposés de telle sorte que, du dedans, on pouvait, en très-peu de temps, établir ces ouvrages de bois dont la couverture se reliait à celle des combles à demeure. En effet, on conçoit facilement qu'avec le système de créneaux et de meurtrières pratiqués dans les couronnements de pierre, il était impossible d'empêcher des assaillants nombreux et hardis, protégés par des pavois et même par des *chats* (sortes de chariots recouverts de madriers et de peaux) de saper le

---

1. On a vu que le sénéchal Guillaume des Ormes se félicite d'avoir pu reprendre le faubourg de Graveillant, dans lequel se trouvait une provision de bois qui fut très-utile aux assiégés.

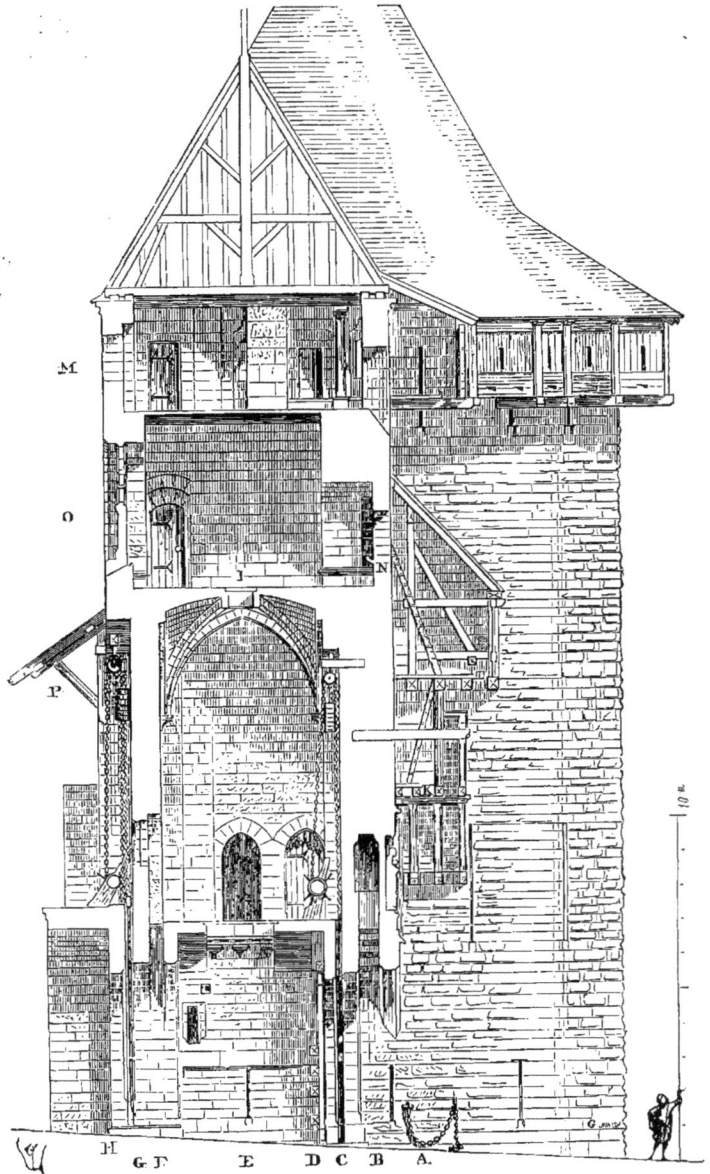

M

O

N

P

10 m.

H G F E D C B A.

Fig. 3.

pied des tours, puisque des meurtrières, malgré la forte inclinaison de leur coupe, il est impossible de voir le pied des tours ou courtines, et que, par les créneaux, à moins de sortir la moitié du corps en dehors de leur ventrière, on ne pouvait non plus viser un objet placé au pied de l'escarpe. Il fallait donc établir une défense continue, couverte et permettant à un grand nombre de défenseurs de battre le pied de la muraille ou des tours par le jet de pierres ou de projectiles de toute nature.

La coupe ci-contre (fig. 3), faite sur l'axe de la porte Narbonnaise, explique les dispositions que nous venons d'indiquer.

Non-seulement les hourds remplissaient cet objet, mais ils laissaient aux défenseurs toute la liberté de leurs mouvements, les chemins de rondes au dedans des crénelages étant réservés à l'approvisionnement des projectiles et à la circulation.

D'ailleurs si ces hourds étaient percés, outre le machicoulis continu, de meurtrières, les meurtrières pratiquées dans les merlons de pierre restaient démasquées dans leur partie inférieure et permettaient aux arbalétriers postés au dedans du parapet sur ce chemin de ronde de lancer des traits sur les assaillants. La défense était donc aussi active que possible et le manque de projectiles devait seul laisser quelque répit à l'attaque.

On ne doit donc pas s'étonner si, pendant des siéges mémorables, après une défense prolongée, les assiégés en étaient réduits à découvrir leurs maisons, à démolir les murs de clôture des jardins, à dépaver les rues, pour garnir es hourds de projectiles et forcer les assaillants à s'éloigner du pied des tours et murailles.

D'un autre côté, les assiégeants cherchaient à mettre le feu à ces hourds de bois qui rendaient le travail des sapeurs impossible ou à les briser à l'aide des pierres lancées par les mangonneaux ou les trébuchets. Et cela ne devait pas être très-difficile, surtout lorsque les murailles n'étaient pas fort élevées. Aussi, dès la fin du XIIIᵉ siècle, on se mit à garnir les murailles et tours de machicoulis de pierre portés sur des consoles, ainsi qu'on peut le voir à Beaucaire, à Avignon et dans tous les châteaux forts ou enceintes des XIVᵉ et XVᵉ siècles [1].

A Carcassonne, le machicoulis de pierre n'apparaît nulle part, et partout, au contraire, on trouve les trous des hourds de bois dans les fortifications du château, qui datent du commencement du XIIᵉ siècle, aussi bien que dans les ouvrages de Louis IX et de Philippe le Hardi.

Au XIIIᵉ siècle, la montagne Noire et les rampes des Pyrénées étaient couvertes de forêts; on a donc pu faire grand usage de ces matériaux si communs alors dans les environs de Carcassonne.

Les couronnements des deux enceintes de la cité, courtines et tours, sont tous percés de ces trous carrés traversant à distances égales le pied des parapets au niveau des chemins de ronde. Les étages supérieurs des tours et de larges hangars établis en dedans des courtines, comme nous le dirons tout à l'heure, servaient à approvisionner ces bois qui devaient toujours être disponibles pour mettre la ville en état de défense.

En temps ordinaire les couronnements de pierre pou-

1. Au château de Coucy, bâti au commencement du XIIIᵉ siècle, on voit naître les machicoulis de pierre destinés à remplacer les hourds de bois. Là, ce sont déjà de grandes consoles de pierre qui portaient le hourd de bois.

vaient suffire, et l'on voit encore comment, dans les étages
supérieurs des tours, les créneaux étaient garnis de volets à
rouleaux : sortes de sabords, manœuvrant sur un axe de bois
posé sur deux crochets en fer; volets qui permettaient de

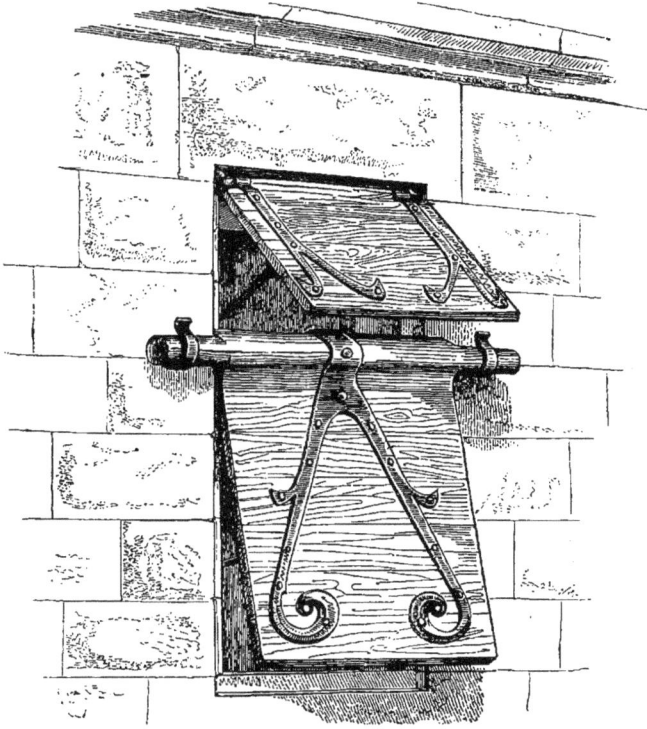

Fig. 4.

voir le pied des murailles sans se découvrir et qui garantissaient les postes des étages supérieurs contre le vent et la
pluie. Les volets inférieurs s'enlevaient facilement lorsqu'on
établissait les hourds, car alors les créneaux servaient de
communication entre ces hourds et les chemins de ronde ou
planchers intérieurs.

Notre figure 4 explique la disposition de ces volets. La partie supérieure pivotant sur deux gonds fixes demeurait, la partie inférieure était enlevée lorsqu'on posait les hourds.

Mais revenons à la porte Narbonnaise. Outre la chaîne A (fig. 3), derrière le premier arc plein cintre de l'entrée et entre celui-ci et le deuxième, est ménagé un machicoulis B par lequel on jetait les projectiles de droite et de gauche sur les assaillants qui tentaient de briser la première herse C. Les réduits dans lesquels se tenaient les défenseurs sont défilés par un épais garde-fou de pierres. Le mécanisme des herses est parfaitement compréhensible encore aujourd'hui. Dans la salle qui est au-dessus de l'entrée, on aperçoit, dans les deux pieds-droits de la coulisse de cette première herse, les entailles inclinées dans lesquelles s'engageaient les deux jambettes du treuil tracé sur notre coupe, et les scellements des brides en fer qui maintenaient le sommet de ces jambettes ; au niveau du sol, les deux trous destinés à recevoir les cales sur lesquelles reposait la herse une fois levée ; sous l'arc, au sommet du tympan, le trou profond qui recevait la suspension des poulies destinées au jeu des contre-poids et de la chaîne s'enroulant sur le treuil.

Derrière la herse était une porte épaisse à deux vantaux D roulant sur des crapaudines inférieures et des pivots fixés dans un linteau de bois dont les scellements sont intacts. Ces vantaux étaient fortement unis par une barre qui se logeait dans une entaille réservée dans le parement du mur de droite lorsque la porte était ouverte, et par deux autres barres de bois entrant dans des entailles pratiquées dans les deux murs du couloir.

Si l'on pénètre au milieu du passage, on voit dans la voûte s'ouvrir un large trou carré E qui communique avec la salle du premier étage. La grande dimension de ce trou s'explique par la nécessité où se trouvait l'assiégé de pouvoir lancer des projectiles non-seulement au milieu, mais aussi contre les parois du passage. La voûte du premier étage est également percée d'un trou carré I, mais plus petit, de sorte que du deuxième étage on pouvait écraser les assaillants qui se seraient emparés de la salle au-dessous ou donner des ordres aux hommes qui l'occupaient.

Des deux côtés de ce large machicoulis, au premier étage, il existe deux réduits profonds qui pouvaient servir de refuge et défiler les défenseurs dans le cas où les assaillants, maîtres du passage, auraient décoché des traits de bas en haut. La largeur de ce machicoulis permettait encore de jeter sur l'assiégeant des fascines embrasées, et les réduits garantissaient ainsi les défenseurs contre la flamme et la fumée en leur laissant le moyen d'alimenter le feu. Des meurtrières latérales percées dans le passage, au niveau du sol, en E, permettaient aux arbalétriers postés dans les salles du rez-de-chaussée des deux tours d'envoyer à bout portant des carreaux aux gens qui oseraient s'aventurer entre les deux herses.

De même que devant la herse extérieure C, il existe dans la salle du premier étage un deuxième machicoulis oblong F destiné à protéger la seconde herse G. Ce machicoulis se fermait, ainsi que l'ouverture pratiquée dans le milieu de la voûte du passage, par une trappe dont la feuillure et l'encastrement ménagé dans le mur existent encore. Au moyen d'une petite fenêtre qui éclairait la salle du premier étage, les assiégés, du dedans, pouvaient communiquer des ordres à ceux qui servaient la herse sur le chemin de ronde pratiqué au-dessus de la seconde porte H. Cette seconde herse

manœuvrait sous un arc réservé à cet effet ; son treuil était en
outre protégé par un auvent P maintenu par de forts crochets de fer qui sont encore scellés dans la muraille. Tout le
jeu de cette herse est encore visible ; ses ferrures sont en
place : la herse seule manque.

Les deux tours qui flanquent cette entrée sont distribuées
de la même manière. Elles comprennent : un étage de caves
creusées au-dessous du sol, un rez-de-chaussée percé de
meurtrières et voûté avec quatre escaliers pour communiquer
au premier étage ; un premier étage, également voûté, percé
de meurtrières et muni de deux cheminées et de deux fours.
Deux des escaliers seulement continuent jusqu'à l'étage supérieur. Les deux autres n'aboutissent pas et peuvent tromper
ainsi les gens qui ne connaîtraient pas les lieux. Un deuxième
étage couvert autrefois par un plancher portant sur le bord
du chemin de ronde. Ce deuxième étage est percé, du côté de
la ville, de riches fenêtres ogivales à meneaux O qui ne s'ou-
vraient que dans la partie inférieure par des volets, tandis que
les compartiments de l'ogive était vitrée à demeure ; ces fenêtres
étaient fortement grillées à l'extérieur. Un troisième étage
crénelé recevait la charpente des combles. Cette charpente
est divisée en trois pavillons, deux sur les deux tours et un
pavillon intermédiaire au-dessus de la porte. Lors de la construction première, rétablie aujourd'hui, ces trois pavillons,
aux points de leur rencontre, étaient portés par des poutres
entrant dans des entailles pratiquées dans l'assise de la cor-
niche ; soit que ces poutres aient fléchi, soit que les eaux des
chéneaux mal entretenus les eussent pourries, au xv⁰ siècle,
ces combles furent réparés, et, pour les porter, on établit
deux grands arcs qui s'arrangeaient fort mal avec la construction du xiii⁰ siècle, puisque l'un d'eux venait buter dans

un des créneaux M et le boucher. Des chéneaux en pierre furent posés sur ces arcs et reçurent les pieds du chevron des toitures aux points de leur jonction. Des gargouilles saillantes rejetaient les eaux des chéneaux du côté de la campagne. Ces arcs, qui poussaient en dehors le grand mur élevé du côté de la ville, ont dû être enlevés.

Le chemin de ronde de la courtine n'est pas interrompu par la porte Narbonnaise suivant le système ordinaire adopté dans les défenses de cette époque. Il passe du côté de la ville, au-dessus de la porte, et relie les deux courtines de façon cependant à n'être en communication avec la ville que par les escaliers intérieurs des tours et par une seule baie fermée autrefois par deux épais vantaux ferrés. L'escalier actuel, qui donne accès à ce chemin de ronde, est moderne et a été élevé par le génie militaire.

Habituellement, les tours de l'enceinte intérieure et même de l'enceinte extérieure interrompent les chemins de ronde ; de sorte que si l'assaillant parvenait à s'emparer d'une courtine, il se trouvait pris entre deux tours, et, à moins de les forcer les unes après les autres, il lui devenait impossible de circuler librement sur les remparts ; d'autant que les escaliers qui mettent directement en communication les chemins de ronde avec le terre-plein du côté de la ville, sont très-rares et qu'on ne peut monter sur ces chemins de ronde qu'en passant par les escaliers pratiqués dans les tours. Chaque tour était ainsi un réduit séparé, indépendant, qu'il fallait forcer. Les portes qui mettent les tours en communication avec les chemins de ronde sont étroites, bien ferrées, barrées à l'intérieur, de sorte qu'en un instant on pouvait fermer le vantail et le barricader en tirant rapidement la barre de bois, logée dans la muraille, avant même de prendre le temps de

pousser les verrous et de donner un tour de clef à la serrure.
L'examen attentif de ces défenses fait ressortir le soin apporté
par les ingénieurs de ce temps contre les surprises. Toutes
sortes de précautions ont été prises pour arrêter l'ennemi et
l'embarrasser à chaque pas par des dispositions imprévues.
Évidemment, un siége à cette époque n'était réellement sérieux
pour l'assiégé, comme pour l'assaillant, que quand on en était
venu à se prendre, pour ainsi dire, corps à corps. Une garnison aguerrie pouvait lutter avec des chances de succès jusque
dans ses dernières défenses. L'ennemi entrait dans la ville
par escalade on par une brèche, sans que pour cela la garnison se rendît ; car alors, celle-ci renfermée dans les tours
qui, je le répète, sont autant de réduits indépendants, pouvait se défendre encore ; il fallait forcer des portes barrica-
dées. Prenait-on le rez-de-chaussée d'une tour, les étages
supérieurs conservaient les moyens de reprendre l'offensive
et d'écraser l'ennemi. On voit que tout était calculé pour
une lutte possible pied à pied. Les escaliers à vis étaient
facilement barricadés de manière à rendre vains les effort
de l'assiégeant pour arriver aux étages supérieurs.

Les bourgeois d'une place eussent-ils voulu capituler,
que la garnison se gardait contre eux et leur interdisait l'accès
des tours et des courtines. C'est un système de défiance
adopté envers et contre tous.

Les machines de jet, les engins dont les assaillants dis-
posaient à cette époque pour battre du dehors des murailles, comme celles de la cité de Carcassonne, ne pouvaient
produire qu'un effet très-médiocre, vu la solidité des ouvrages
et l'épaisseur des merlons ; car l'artillerie à feu seule pourrait
les entamer. Restaient la sape, la mine, le bélier et tous les
engins qui obligeaient l'assaillant à se porter au pied même

des défenses. Or il était difficile de se loger et de saper sous ces hourds puissants qui vomissaient des projectiles. La mine n'était guère efficace ici, car toutes les murailles et tours sont assises sur le roc.

On ne doit pas être surpris si, dans ces temps éloignés de nous, certains siéges se prolongeaient indéfiniment. La cité de Carcassonne était, à la fin du xiiie siècle, avec sa double enceinte et les dispositions ingénieuses de la défense, une place imprenable qu'on ne pouvait réduire que par la famine, et encore eût-il fallu, pour la bloquer, une armée nombreuse, car il était aisé à la garnison de garder les bords de l'Aude, au moyen de la grande barbacane (nº 8 du plan, fig. 16) qui permettait de faire des sorties avec des forces imposantes et de culbuter les assiégeants dans le fleuve.

En examinant le plan général, nous voyons en bas de l'escarpement de la cité, devant les tours 11 et 12 à l'ouest, une muraille qui défendait le faubourg de la Barbacane. Cette muraille date du xiiie siècle, et elle fut certainement élevée pour empêcher l'ennemi de se loger, comme l'avait fait Trincavel, entre l'Aude et la cité. Cette muraille est à portée d'arbalète des tours 11, 12 et 40 et est commandée par celles-ci. Il était donc fort difficile d'arriver, en descendant la rive droite de l'Aude, jusqu'à la barbacane, malgré la garnison de la cité.

Les remparts et les tours présentent surtout un aspect formidable sur les points de l'enceinte où les approches sont relativement faciles, où des escarpements naturels ne viennent pas opposer un obstacle puissant à l'assaillant. Du côté du nord-est, de l'est et du sud, là où le plateau qui sert d'assiette à la cité est à peu près de plain-pied avec la campagne, de larges fossés protégent la première enceinte. Il est vraisemblable que les extrémités de ces fossès, ainsi que les avancées des portes, étaient défendues par des palissades extérieures, suivant les habitudes de l'époque. Ces palissades étaient munies de barrières ouvrantes.

En s'avançant dans les lices[1], entre les deux enceintes, la première tour que l'on rencontre à droite, à la suite de la porte Narbonnaise, est la tour n° 24, dite du Treshaut, ou du Trésau, de Tressan, du Trésor ou de la Cendrino. Cette construction est un magnifique ouvrage de la fin du XIIIᵉ siècle, contemporain de la porte Narbonnaise. Elle domine toute la campagne, la ville, et joignant presque l'enceinte extérieure, elle commandait le plateau, la barbacane de la porte Narbonnaise et empêchait l'ennemi de s'étendre du côté du nord dans les lices le long desquelles s'élèvent les tours visigothes.

La tour du Trésau, outre ses caves, renferme quatre étages dont deux sont voûtés.

L'étage inférieur est creusé au-dessous du terre-plein de la ville. Le deuxième étage est presque de plain-pied avec le sol intérieur de la ville. Le troisième étage était couvert par un plancher et le quatrième, sous comble, au niveau du chemin de ronde du crénelage.

Le chemin de ronde des courtines passe derrière le pignon de la tour, mais n'a aucune communication avec les salles intérieures.

Du côté de la ville, la partie supérieure de la tour est terminée par un pignon crénelé avec escaliers rampants le long du comble. Deux tourelles carrées, munies d'escaliers et crénelées à leur partie supérieure, épaulent le pignon et

1. Lices, espace compris entre les deux enceintes d'une place.

servaient de tours de guet, car elles sont, de ce côté, le point
le plus élevé des défenses.

En temps de paix, le crénelage de la tour du Trésau
n'était pas couvert. Le comble porte sur un mur intérieur. Les
gargouilles qui existent encore à l'extérieur indiquent d'une
manière certaine que le chemin de ronde supérieur était à
ciel ouvert. En temps de guerre, les toitures des hourds couvraient ces chemins de ronde ainsi que les hourds eux-mêmes.

Un seul escalier à vis dessert les quatre étages et toutes
les issues étaient garnies de portes fortement ferrées. Le
deuxième étage au-dessus des caves contient une petite
chambre ou réduit éclairé par une fenêtre, destiné au capitaine, une grande cheminée et des latrines ; cet étage et le
rez-de-chaussée sont percés de nombreuses meurtrières s'ouvrant sous de grandes arcades munies de bancs de pierre.
Les meurtrières ne sont pas percées les unes au-dessus des
autres, mais chevauchées, ou *vides sur pleins,* afin de battre
tous les points de la circonférence de la tour. Ce principe
est généralement suivi dans les tours de l'enceinte intérieure
et, sans exception, dans les tours de l'enceinte extérieure où
les meurtrières jouent un rôle important. En effet, les meurtrières percées dans les étages des tours ne pouvaient servir
que lorsque l'ennemi était encore éloigné des remparts ; on
conçoit dès lors qu'elles aient été pratiquées plus nombreuses
et disposées avec plus de méthode dans les tours de l'enceinte extérieure.

Les courtines qui accompagnent la tour du Trésau sont
fort belles. Leur partie inférieure est percée de meurtrières
au niveau du terre-plein de la ville, sous des arcs plein cintre
avec bancs de pierre et leurs merlons, larges, épais, sont
bien construits.

Le parement intérieur des merlons entre la tour Narbonnaise et la tour du Trésau n'est pas vertical, mais élevé en *fruit*. La disposition des hourds explique l'utilité de cette inclinaison du parement intérieur des merlons.

Sur ce point de la défense — l'un des plus attaquables, à cause du plateau qui s'étend de plain-pied devant la porte Narbonnaise — les courtines intérieures devaient être munies de ces hourds doubles dont il est fait parfois mention dans les chroniqueurs du XIIIᵉ siècle [1].

La figure 5 explique, dans le cas actuel, la disposition de ces doubles hourds. Ainsi que nous venons de le dire, les merlons ayant leur parement intérieur en fruit sur le chemin de ronde A, leur base est traversée au niveau de ce chemin de ronde par des trous de hourds de $0^m,30$ de côté, régulièrement espacés. Sur le parement du chemin de ronde, du côté de la ville, est une retraite continue B. Les hourds doubles étaient donc ainsi disposés : de cinq pieds en cinq pieds passaient, par les trous des hourds, de fortes solives C, sur l'extrémité desquelles, à l'extérieur, s'élevait le poteau incliné D, avec des contre-poteaux E, formant la rainure pour le passage des madriers de garde. Des moises doubles J pinçaient ce poteau D, reposaient sur la longrine F, mor-

---

1. A Toulouse, assiégé par Simon de Montfort, les habitants augmentent sans cesse les défenses de la ville :

> « E parec ben a lobra e als autres mestiers
> « Que de dins et defora ac aitans del obriers
> « Que garniron la vila els portals els terriers,
> « Els murs e las bertrescas els cadafalcs dobliers
> « Els fossatz e las lissas els pons els escaliers
> « E lains en Tploza ac aitans carpentiers. »

Ces *cadafalcs dobliers* sont des hourds doubles.

Voyez *Poëme de la Croisade contre les Albigeois,* Collection des documents inédits de l'*Hist. de France.*

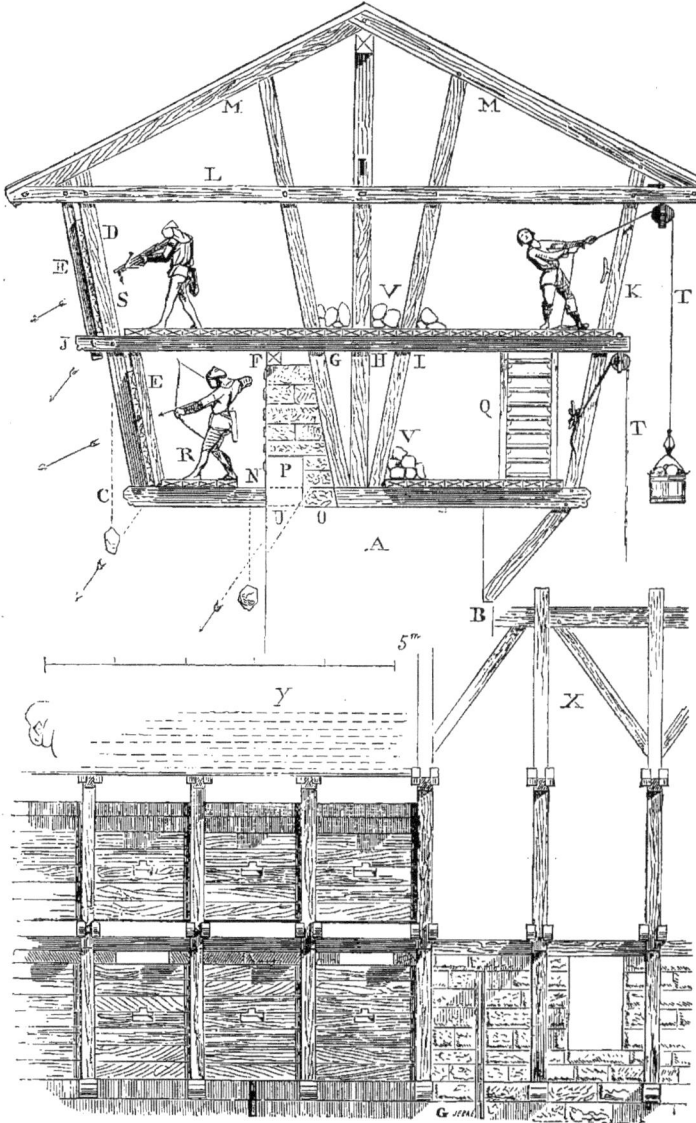

Fig. 5.

daient les trois poteaux G, H, I, celui G étant appuyé sur le
parement incliné du merlon, et venaient saisir le poteau pos-
térieur K également incliné. Un second rang de moises,
posé en L à $1^m,80$ du premier rang, formait l'enrayure des
arbalétriers M du comble. En N un mâchicoulis était réservé
le long du parement extérieur de la courtine. Ce mâchicoulis
était servi par des hommes placés en O, sur le chemin de
ronde, au droit de chaque créneau muni d'une ventrière P.
Les archers et arbalétriers du hourd inférieur étaient postés
en R et n'avaient pas à se préoccuper de servir ce premier
mâchicoulis.

Le deuxième hourd possédait un mâchicoulis en S.
Les approvisionnements de projectiles se faisaient en dedans
de la ville par les guindes T. Des escaliers Q, disposés de
distance en distance, mettaient les deux hourds en communication. De cette manière, il était possible d'amasser une
quantité considérable de pierres en V, sans gêner la circulation sur les chemins de ronde ni les arbalétriers à leur poste.
En X, on voit, de face, à l'extérieur, la charpente du hourdage dépourvue de ses madriers de garde, et en Y, cette
charpente garnie. Par les meurtrières et mâchicoulis, on
pouvait lancer ainsi sur l'assaillant un nombre prodigieux de
projectiles. Comme toujours, les meurtrières U, percées dans
les merlons, dégageaient au-dessous des hourds et permettaient à un deuxième rang d'arbalétriers postés entre les
fermes, sur le chemin de ronde, de viser l'ennemi.

On conçoit que l'inclinaison des madriers de garde était
très-favorable au tir. Elle permettait, de plus, de faire sur-
plomber le deuxième mâchicoulis S en dehors du hourdage
inférieur.

La dépense que nécessitaient des charpentes aussi considérables ne permettait guère de les établir que dans des circonstances exceptionnelles, sur des points mal défendus par la nature.

La courtine qui relie la tour du Trésau à la porte Narbonnaise possède un petit puits et une échauguette flanquante destinée à battre l'intervalle entre la barbacane et cette porte.

De la tour du Trésau, en se dirigeant vers le nord, on longe une grande partie de l'enceinte des Visigoths. A voir le désordre de ces anciennes constructions, on doit admettre qu'elles ont été bouleversées par un siége terrible ; on a peine à comprendre comment on a pu, avec les moyens dont on disposait alors, renverser des pans de murs d'une épaisseur considérable, faire pencher ces tours dont toute la partie inférieure ne présente qu'une masse de maçonnerie. Il semblerait que la poudre à canon peut seule causer des désordres aussi graves, et cependant le siége pendant lequel une partie considérable de ces remparts a été renversée est antérieur au xiie siècle, puisque, sur ces débris, on voit s'élever des constructions identiques avec celles du château, ou datant du xiiie siècle.

A peine si l'on a pris soin de déblayer les ruines, car on remarque, enclavés dans les courtines reprises au xiiie siècle, d'énormes pans de murs renversés et présentant verticalement les lits de leurs assises de moellon ou de brique. Grâce à la bonté des mortiers, ces masses renversées ne se sont point disjointes et sont là comme des rochers sur lesquels on serait venu construire de nouveaux murs.

De ce côté, les courtines et les tours sont très-hautes et dominent de beaucoup l'enceinte extérieure élevée sur la crête de l'escarpement.

Cet escarpement fait face à l'Aude et il s'étend jusqu'à la tour n° 41 qui termine le saillant occidental de la cité.

Deux portes sont percées dans l'enceinte des Visigoths : l'une, petite, datant de l'époque primitive, a été murée ; elle est située à la droite de la tour n° 26 ; l'autre, percée au xii° siècle et réparée au xiii°, se trouve entre les tours 24 et 25. C'est la porte désignée par le sénéchal Guillaume des Ormes sous le nom de porte de Rodez. Elle ne présente aucune défense particulière, mais devait être précédée d'un ouvrage avec poterne, protégé par la tour-barbacane n° 4 ; tour qui a malheureusement été modifiée dans sa forme par le génie militaire, de telle sorte qu'aujourd'hui la porte de Rodez donne sur les lices et n'a plus de communication avec le dehors.

Si nous passons de l'autre côté du château, vers le sud-ouest, nous rencontrons la porte de l'Aude (autrefois porte de Toulouse).

Cette porte a été percée dans la muraille des Visigoths au xii° siècle. On voit encore, à l'extérieur, l'arc plein cintre qui paraît appartenir à cette époque par son appareil et la nature des matériaux employés. A la gauche de cette porte il existait, sur un pan de mur visigoth, un bâtiment contemporain du château, c'est-à-dire élevé du xi° au xii° siècle. Le mur extérieur de ce bâtiment est encore percé de trois petites fenêtres jumelles divisées par des colonnettes de marbre avec chapiteaux sculptés.

Une longue rampe aboutissait à la grande barbacane n° 8 et était battue par cette barbacane ; elle s'élève suivant une inclinaison assez roide, et, en faisant un lacet, conduit à une première porte, simple barrière, puis à une seconde porte défendue par un crénelage et commandée par un gros ouvrage en forme de traverse, terminé, à la hauteur des chemins de ronde de l'enceinte intérieure, par une plate-forme et des merlons. A sa base, cette traverse est percée d'une porte qui donne entrée dans les lices du sud-ouest.

Il faut gravir, en dedans de l'enceinte extérieure, une rampe assez roide battue par l'ouvrage qui masque la porte de l'Aude, percée dans le mur de l'enceinte intérieure. Cette rampe est dominée par la tour de la Justice, n° 37, et par une tour visigothe, n° 38. On arrive ainsi à un lacet qui oblige l'arrivant à se détourner brusquement pour atteindre la porte. Bien qu'il n'y ait, devant cette porte, ni fossé ni ponts à bascule, il n'était point facile d'y arriver malgré les gens du dedans de la ville, car l'espace compris entre les deux enceintes forme une véritable place d'armes, un grand châtelet, commandé de tous côtés par des ouvrages formidables. De plus, les lices, à droite et à gauche, étaient fermées par des portes. On observera que la porte supérieure est percée dans un angle rentrant, ce qui a permis de la flanquer très-puissamment, et que son masque forme en avant un petit châtelet que l'on pouvait fermer complétement en temps de guerre, et qui, en temps de paix, était précédé d'un petit poste dont on aperçoit encore la trace le long de la courtine. De cet ouvrage, les rondes pouvaient descendre dans les lices du sud-ouest, en ouvrant une porte percée sur le flanc du parapet et en posant des planches mobiles sur des corbeaux engagés dans les gros contre-forts à la suite. Ce moyen de sortie ou d'entrée indique assez que l'ouvrage, en avant de la porte de l'Aude, était absolument fermé en temps de guerre.

En se dirigeant de la porte de l'Aude vers les lices du sud-ouest, on laisse bientôt les dernières traces des construc-

tions visigothes et l'on atteint le saillant bâti par Philippe
le Hardi, en dehors des terrains de l'évêché (fig. 16).
Ayant passé la porte percée dans la traverse de commandement, et que nous croyons être la porte dite du Sénéchal, on voit une des tours des Visigoths, entière, puis la
tour 39, dite de l'Inquisition, et dans laquelle nous avons
trouvé un cachot avec pilier central, garni de chaînes, puis
la tour carrée n° 11, dite de l'Évêque. Cette tour, à cheval
sur les lices, commande les deux enceintes et pouvait, sur ce
front, couper la communication entre la partie sud et la partie
nord des lices. Toutefois, les deux arcs jetés sur le passage,
entre les deux enceintes, n'étaient défendus que par deux
machicoulis intérieurs et par un machicoulis percé au milieu
de la voûte. On ne trouve pas trace de gonds indiquant la
présence de vantaux de porte, mais seulement des entailles
qui font supposer qu'en temps de guerre des barrières de
bois fermaient ces ouvertures et interceptaient les communications. Cette tour, dont l'évêque avait la jouissance sauf le
chemin de ronde supérieur, est fort belle, admirablement
construite, fièrement plantée sur les deux enceintes dont elle
rompt l'uniformité. De même qu'elle coupait la communication
sur les lices, elle interrompait aussi le chemin de ronde supérieur des courtines, car, pour aller de la courtine nord à la
courtine sud, il fallait traverser cette tour et forcer deux
portes. Les escaliers intérieurs sont disposés de façon à ce
que l'accès aux crénelages soit indépendant de l'accès aux
deux salles voûtées, dont l'évêque avait la jouissance.

Les courtines qui font partie du saillant bâti par Philippe le Hardi, sont munies de belles meurtrières percées
sous des arcades avec bancs ; meurtrières qui battent les lices
et les chemins de ronde de l'enceinte extérieure. On voit

encore, en dehors de cette partie de l'enceinte extérieure, à côté de la tour n° 12, dite du Grand-Canisou, les orifices de l'égout que le roi avait fait construire à travers la muraille élevée par son ordre, pour rejeter au dehors les eaux de l'évêché, ainsi qu'il a été dit plus haut.

Quant aux bâtiments de l'évêché, ils sont complétement rasés ; il n'en est pas de même du cloître de l'église Saint-Nazaire, dont les fondations ont été retrouvées. Ces fondations, et un mur de ce cloître, conservé avec les piles engagées et les formerets des voûtes, se rapportent aux tracés des vieux plans de la cité, dans lesquels ce cloître et ses dépendances sont indiqués. Cette construction date de l'époque de saint Louis. A la suite de la tour n° 11 est la tour n° 10, dite de Cahusac, qui présente une disposition curieuse. Le chemin de ronde tourne à l'entour, et est couvert par un portique ; puis on arrive à la tour du coin n° 11, dite Mipadre ou de Prade. Elle contient deux étages voûtés et deux étages entre planchers, elle est munie d'une cheminée et d'un four. La seule porte donnant entrée dans cette tour, qui n'interrompt pas le chemin de ronde, est percée du côté de l'est et était fermée par des verrous et une barre rentrant dans la muraille. Comme aux autres tours de cette partie de l'enceinte, le dernier merlon des courtines s'élève au point de jonction avec la tour, là où sont percées les portes, et le dernier créneau était également muni de volets sur rouleaux; afin de protéger les entrants ou les sortants ou les factionnaires posés aux entrées des tours. Presque toujours il faut monter quelques marches pour passer des courtines dans les tours, et alors le crénelage suit la montée.

On remarquera encore que les chemins de ronde des courtines, et par conséquent les crénelages et les hourds ne sont pas toujours de niveau, mais suivent la pente du terrain extérieur, de manière à conserver sur tous les points de l'enceinte une hauteur d'escarpe uniforme, ainsi que cela se pratique encore de nos jours.

C'était une règle établie par l'expérience, et, passé une certaine hauteur, l'échelade devait être regardée comme impossible ; aussi maintenait-on un minimum d'élévation partout. Toutefois les escarpes de l'enceinte intérieure sont beaucoup plus élevées que celles de l'enceinte extérieure. L'enceinte extérieure était établie de manière à battre l'assaillant à grande distance et à l'empêcher d'approcher ; tandis que pour l'enceinte intérieure, tout est combiné en vue de combattre un ennemi très-rapproché. Il n'est pas besoin d'insister sur une disposition indiquée par le simple bon sens.

Dans l'enceinte du cloître Saint-Nazaire, de larges escaliers donnent accès aux remparts. Mais il est bon d'observer que le cloître et l'évêché étaient déjà renfermés dans une enceinte, et que, par conséquent, les habitants de la ville ne pouvaient monter de la voie publique sur les courtines. Partout où il existe des escaliers montant aux chemins de ronde directement, ces escaliers sont toujours, ou enclavés dans d'anciens logis dépendant des murailles et fortifiés, ou compris dans des enceintes spéciales ; tels sont les escaliers qui montaient à la courtine à côté de la tour n° 44, le long de la tour n° 47 et près de la chapelle Saint-Sernin (tour 53). Le plus souvent, ce sont les escaliers des tours qui, au moyen de petites portes extérieures bien ferrées, permettent l'accès sur les chemins de ronde. La garnison pouvait donc, si bon lui semblait, ainsi que nous l'avons dit plus haut, s'isoler et tenir les citoyens en respect pendant qu'elle repoussait les assiégeants. Elle seule circulait entre les deux enceintes, dans

les lices, en fermant les portes de la ville sur les habitants ;
sur ce point, il n'y avait nul inconvénient à ce que les chemins de ronde fussent de plain-pied avec le terre-plein.

En suivant l'enceinte intérieure vers l'est, après avoir
dépassé la tour n° 42 — dite tour du Moulin, parce qu'autrefois
son étage supérieur, en retraite sur le crénelage, était affecté
au mécanisme d'un moulin à vent — on arrive à la tour n° 43,
dite tour et poterne Saint-Nazaire. Cet ouvrage, sur plan
carré, est encore un des plus remarquables de la cité. A côté
de la barbacane n° 15, dite de la Crémade et dépendant de
l'enceinte extérieure, est une poterne basse et étroite, donnant
dans le fossé peu profond sur ce point. Cette poterne, en cas
de siége, pouvait être murée facilement puisqu'il n'y avait
qu'à remplir l'escalier roide qui, du seuil de cette poterne,
monte aux lices. Le large diamètre de la tour de la Crémade
en fait une barbacane propre d'ailleurs à protéger des sorties
ou des partis rentrants. Cette tour n'était point couverte,
comme les autres, par un comble, et est en communication
directe avec le chemin de ronde des courtines dont elle n'est,
pourrait-on dire, qu'un appendice flanquant.

Quant à la tour Saint-Nazaire, il était impossible à des
assiégeants postés en dehors de l'enceinte extérieure de
supposer qu'elle fût munie d'une poterne. La porte, percée
à la base de cette tour Saint-Nazaire, et donnant sur les lices,
est ouverte de côté, masquée par la saillie de l'échauguette
d'angle, et le seuil de cette ouverture est établi à plus de deux
mètres au-dessus du sol des lices. Il fallait donc poser des
échelles ou un plan incliné en bois pour entrer et sortir.

Dans la tour elle-même l'entrée est biaise, et, si de
l'extérieur on n'entre par la poterne percée sur le flanc est
de la tour qu'au moyen d'échelles ou d'un plancher mobile,

on ne peut franchir la seconde entrée qu'en se détournant à angle droit. Cette poterne ne pouvait donc servir qu'aux gens de pied. Chacune des deux baies est munie d'une herse, de machicoulis et de vantaux. Un puits dessert les lices et le premier étage, qui contient en outre un four. La première herse était manœuvrée de la salle du premier étage, la deuxième du chemin de ronde, comme à la porte Narbonnaise. Le crénelage supérieur s'élève sur une plate-forme propre à recevoir un engin de défense (mangonneau) et possède une guette, car ce point est un des plus élevés de la cité. Le crénelage inférieur (car la défense de couronnement est double) est flanqué par des échauguettes qui montent de fond.

Toujours en se dirigeant vers l'est, on arrive à peu de distance de la tour Saint-Nazaire à la tour n° 44, dite Saint-Martin, qui semble avoir été élevée à proximité de la tour n° 43 à dessein, pour masquer et battre la poterne à très-petite portée. Cette tour est renforcée, comme les tours 41 et 42 et comme celles de la porte Narbonnaise, par un bec saillant dont nous avons expliqué l'utilité. Elle contient deux étages voûtés, deux étages sous plancher, comme la tour n° 41, et se dégage au-dessus du chemin de ronde qui tourne autour d'elle du côté de la ville.

A partir de ce point de l'enceinte intérieure, nous voyons reparaître, dans les parties inférieures des courtines et tours, les restes des remparts visigoths jusqu'à la tour n° 53, dite de Saint-Sernin, à côté de la porte Narbonnaise.

Les tours n°s 45, 46, 47, 49, 50, 52 et 53 sont bâties sur les fondations des tours primitives et sont d'un diamètre plus faible que les tours du xiiie siècle. Seule, la tour n° 48 a été reconstruite entièrement par Philippe le Hardi. Aussi présente-t-elle à l'extérieur un bec saillant, et l'épaisseur de sa construction est très-considérable. C'est qu'elle devait s'élever assez haut pour dominer la tour n° 18 de l'enceinte extérieure, tour dite de la Vade ou du Papegay, sorte de donjon avancé absolument indépendant et qui était destiné à battre le plateau qui s'étend de plain-pied, en face de ce front.

Les tours précédentes, n°ˢ 45, 46, 47, 49, 50 et 52, ne sont pas voûtées, et des planchers en bois séparaient leurs étages, au nombre de deux seulement et établis sur le massif plein de la maçonnerie des Visigoths. Leurs escaliers à vis font saillie à l'intérieur des salles et sont pris à leurs dépens. Toutes ces tours interrompent la circulation sur le chemin de ronde des courtines ; il faut les traverser pour communiquer d'une courtine à l'autre. La tour n° 49, dite de Daréja, est bâtie sur une substruction romaine, formée de gros blocs de pierre parfaitement jointifs, sans mortier. Le soubassement romain portait certainement une tour carrée, car les Visigoths se sont contentés d'abattre les arêtes saillantes à coups de masse, pour arrondir cette construction massive qui ne renferme qu'un blocage.

En examinant les constructions surélevées au xiiiᵉ siècle, on voit que les ingénieurs ont donné à la partie cylindrique (côté extérieur) une forte épaisseur, tandis que du côté de la ville, là où la tour est fermée par un pignon, les murs n'ont qu'une faible épaisseur, afin d'obtenir l'espace vide le plus grand possible à l'intérieur pour loger les postes. La tour n° 47 présente aussi, sur les lices, dans sa partie inférieure, des restes de soubassements romains, sur lesquels est implantée une tour visigothe couronnée par la bâtisse du xiiiᵉ siècle.

Ainsi, toute cette portion de l'enceinte, comprise entre la tour n° 44 et la porte narbonnaise, a été réparée et recon-

struite en partie par Philippe le Hardi sur l'enceinte des
Visigoths, qui avait été élevée sur les remparts romains. Le
périmètre de la ville antique est donc donné par celui de la
ville des Visigoths, puisque, du côté du midi comme du côté
du nord, nous retrouvons les traces des constructions romaines sous les ouvrages dus aux barbares.

Sur tout ce front sud-est, les hourds présentaient en temps
de guerre une ligne non interrompue, car ceux des courtines
se relient à ceux des tours au moyen de quelques marches.
Cela était nécessaire pour faciliter la défense et ne pouvait
avoir d'inconvénients, dans le cas où l'assiégeant se serait
emparé d'une portion de ces hourds, car il était facile de les
couper en un instant et d'empêcher l'ennemi de profiter de
cette coursière extérieure continue pour s'emparer successivement des étages supérieurs des tours. L'assiégé, obligé
d'abandonner une portion de ces hourds, pouvait lui-même
y mettre le feu, sacrifier au besoin une tour ou deux, et se
retirer dans les postes éloignés du point tombé au pouvoir
de l'ennemi, en coupant les planchers de bois derrière lui.

Les tablettes de pierre des chemins de ronde des courtines élevées sous Philippe le Hardi sont supportées à l'intérieur pour augmenter la largeur de la coursière, du côté du
sud et du sud-est, depuis la tour de l'évêque jusqu'à la porte
Narbonnaise, par des corbeaux de pierre. Il existe, entre ces
corbeaux, des trous carrés très-profonds ménagés dans la
construction à intervalles égaux. Ces trous étaient destinés à
loger des solives horizontales dont l'extrémité pouvait, au
besoin, être soulagée par des poteaux. Sur ces solives on
établissait un plancher continu qui élargissait d'autant le
chemin de ronde à l'intérieur et formait une saillie fort
utile pour l'approvisionnement des hourds, pour la mise en

batterie de pierrières et trébuchets, et pour disposer au pied
des remparts, sur le terre-plein de la ville, des magasins, des
abris pour un supplément de garnison.

Les combles qui couvraient les hourds venaient très-
probablement couvrir ce supplément de coursières. On conçoit combien ces larges espaces, ménagés à la partie supérieure des courtines, devaient faciliter la défense. Et il
faut noter ici que cette disposition n'existe que dans la partie
des défenses qui était le moins bien protégée par la nature
du terrain et contre laquelle, par conséquent, l'assaillant
devait réunir tous les efforts et pouvait organiser une attaque
en règle.

Ces précautions eussent été inutiles là où l'ennemi ne
pouvait se présenter qu'en petit nombre par suite des escarpements de la colline. Du côté méridional, l'ennemi, en supposant
qu'il se fût emparé de l'enceinte extérieure, pouvait combler
une partie des fossés, détruire un pan de mur de l'enceinte
extérieure et faire approcher de la muraille intérieure, sur
un plan incliné, un de ces beffrois de charpente recouverts
de peaux fraîches pour les garantir du feu, et au moyen
desquels on se jetait de plain-pied sur les chemins de ronde
supérieurs. On ne pouvait résister à une semblable attaque,
qui réussit mainte fois, qu'en réunissant, sur le point attaqué,
un nombre de soldats supérieur aux forces des assiégeants.
Comment l'aurait-on pu faire sur ces étroits chemins de ronde?
Les hourds brisés, les merlons entamés par les machines de jet,
les assiégeants se précipitant sur les chemins de ronde, ne
trouvaient devant eux qu'une rangée de défenseurs acculés
à un précipice et ne présentant qu'une ligne sans profondeur
à cette colonne d'assaut sans cesse renouvelée! Avec ce supplément de chemin de ronde qu'on pouvait élargir à volonté,

il était possible d'opposer à l'assaillant une résistance solide, de le culbuter et de s'emparer même du beffroi.

·C'est dans ces détails de la défense pied à pied qu'apparaît l'art de la fortification du xıᵉ au xvᵉ siècle. En examinant avec soin, en étudiant scrupuleusement, et dans les moindres détails, les ouvrages défensifs de ces temps, on comprend ces récits d'attaques gigantesques que nous sommes trop disposés à taxer d'exagération. Devant des moyens de défense si bien prévus, si ingénieusement combinés, on se figure sans peine les travaux énormes des assiégeants, les beffrois mobiles, les estacades et bastilles terrassées, les engins de sape roulants, tels que *chats* et galeries, ces travaux de mine qui demandaient un temps considérable, lorsque la poudre à canon n'était point en usage dans les armées. Avec une garnison déterminée et bien approvisionnée on pouvait prolonger un siége indéfiniment. Aussi n'est-il pas rare de voir une bicoque résister pendant des mois à une armée nombreuse. De là, souvent, cette audace et cette insolence du faible contre le fort et le puissant, cette habitude de la résistance individuelle qui faisait le fond du caractère de la féodalité, cette énergie qui a produit de si grandes choses et un si grand développement intellectuel au milieu de tant d'abus.

Indépendamment des portes percées dans l'enceinte intérieure, on comptait plusieurs poternes. Pour le service des assiégés, — surtout s'ils devaient garder une double enceinte —, il fallait rendre les communications faciles entre ces deux enceintes et ménager des poternes donnant sur les dehors, pour pouvoir porter rapidement des secours sur un point attaqué, faire sortir ou rentrer des corps, sans que l'ennemi pût s'y opposer. En parcourant l'enceinte intérieure de Carcassonne, on voit un grand nombre de poternes plus ou moins bien dissimulées et qui devaient permettre à la garnison de se répandre dans les lices par une quantité d'issues facilement masquées, ou de rentrer rapidement dans le cas où la première enceinte eût été forcée. Entre la tour du Trésau du côté nord et le château, nous trouvons deux de ces poternes, sans compter la porte de Rodez. L'une de ces poternes donne entrée dans le fossé du château (fig. 16), l'autre à côté de la tour n° 26. Entre le château et la tour n° 37 est une poterne donnant également dans le fossé du château. Entre la porte de l'Aude et la porte Narbonnaise (côté ouest et sud de l'enceinte intérieure) on trouve la poterne Saint-Nazaire décrite plus haut; entre les tours 44 et 45, une poterne communiquant à un escalier à vis, et entre les tours 50 et 52, une construction saillante n° 51, qui contenait un escalier de bois, communiquant à de vastes souterrains dont l'issue extérieure est placée à côté de la tour de l'enceinte extérieure n° 19, au niveau du fond du fossé et dont deux galeries débouchaient dans les lices. Cette dernière poterne avait une grande importance, car elle mettait les chemins de ronde supérieurs en communication directe, soit avec des lices, soit avec les dehors. Aussi, en arrière de la porte donnant dans l'angle de la tour 19, est une salle voûtée, vaste, pouvant contenir une quarantaine d'hommes armés.

De plus, il existe une poterne mettant les lices en communication avec le fossé, à l'angle de rencontre de la courtine de droite avec le donjon de la Vade n° 18. Il y avait une poterne au côté droit de la grosse tour n° 4 de l'enceinte extérieure, une poterne très-relevée au-dessus de l'escarpement percée dans le mur extérieur de la porte de l'Aude

et qui exigeait l'emploi d'une échelle, et la poterne encore
ouverte dans l'angle de la tour n° 15, ainsi qu'il a été dit

Fig. 6.

plus haut. En ajoutant à ces issues la grande barbacane du
château n° 8, on voit que la garnison pouvait faire des sorties et se mettre en communication avec les dehors, sans ouvrir les deux portes principales de l'Aude et Narbonnaise.

Avant de passer à la description du château, il est nécessaire de nous occuper de l'enceinte extérieure qui présente
également un intérêt sérieux.

De cette enceinte extérieure, la tour la mieux conservée
(elle est intacte sauf sa couverture) est celle de la Peyre n° 19.
Cette tour, comme la plupart de celles dépendant de cette
enceinte, est ouverte du côté de la ville dans la partie supé-

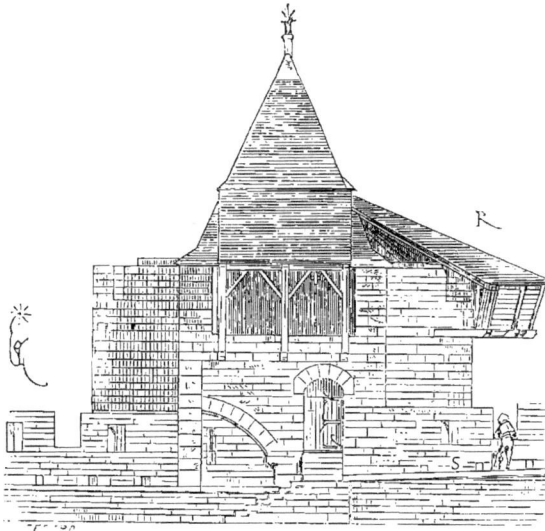

Fig. 7.

rieure de manière à ne pouvoir servir de défense contre les
remparts intérieurs, et afin que, du chemin de ronde supérieur, on puisse donner des ordres aux hommes postés dans
cette tour. Le milieu de cette tour, comme de toutes celles
de l'enceinte extérieure, à l'exception des barbacanes, était
couvert par un comble, mais le chemin de ronde crénelé était
à ciel ouvert en temps de paix et pouvait être garni de
hourds en temps de siége.

Ces combles à demeure portaient sur le bahut intérieur du chemin de ronde.

La figure 6 donne la coupe de cette tour de la Peyre.

En M est tracé le profil d'ensemble de cet ouvrage avec le fossé, la crête de la contrescarpe et le sol extérieur formant glacis. On voit comme les meurtrières sont disposées pour couvrir de projectiles rasants ce glacis, et de projectiles plongeants, la crête et le pied de la contrescarpe. Quant à la défense rapprochée, il y est pourvu par les mâchicoulis et des hourds, ainsi qu'on le voit en P. La figure 7 donne le tracé général de cette tour du côté intérieur, les hourds n'étant supposés montés que du côté R.

La tour n° 18, dite de la Vade ou de Papegay, bien qu'elle appartienne à l'enceinte extérieure, est, comme nous l'avons dit, un réduit, un donjon, dominant tout le plateau de ce côté, occupé avant le règne de Saint-Louis, par un faubourg.

Les courtines de l'enceinte extérieure étant tombées au pouvoir de l'assiégeant, la plupart des tours de cette enceinte devaient être facilement prises, car elles ne sont guère défendues à l'intérieur et leurs chemins de ronde communiquent parfois de plain-pied avec ceux des courtines; cependant des portes interrompent la circulation, mais la tour de la Vade est un ouvrage indépendant et d'une grande élévation ; il possède deux étages voûtés, deux étages entre planchers, un puits à rez-de-chaussée, une cheminée au deuxième étage et des latrines au troisième. La porte donnant sur les lices pouvait être fortement barricadée et opposer à l'assiégeant un obstacle aussi résistant que la muraille elle-même. L'étage supérieur était muni d'un crénelage à ciel ouvert avec toit au centre. Ce crénelage, qui, en temps de guerre,

était muni de hourds, était dominé par le couronnement de
la tour n° 48.

Les autres tours de l'enceinte extérieure sont toutes à peu

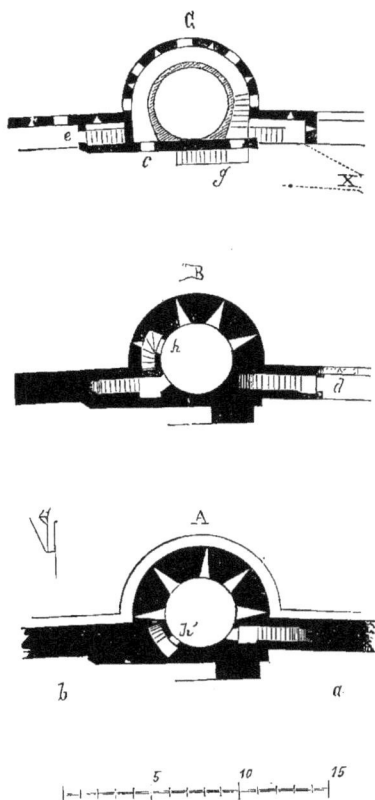

Fig. 8.

près construites sur le modèle de la tour n° 7, dite de la
Porte-Rouge. Cette tour possède deux étages au-dessous du
crénelage. La figure 8 en donne les plans à chacun de ces
étages. Comme le terrain s'élève sensiblement de *a* en *b*, les

deux chemins de ronde des courtines ne sont pas au même
niveau ; le chemin de ronde *b* est à 3 mètres au-dessus du
chemin de ronde *a*. En A est tracé le plan de la tour au-
dessous du terre-plein ; en B, au niveau du chemin de ronde
*d ;* en C, au niveau du crénelage de la tour qui arase le crénelage de la courtine *e*. On voit en *d* la porte qui, s'ouvrant

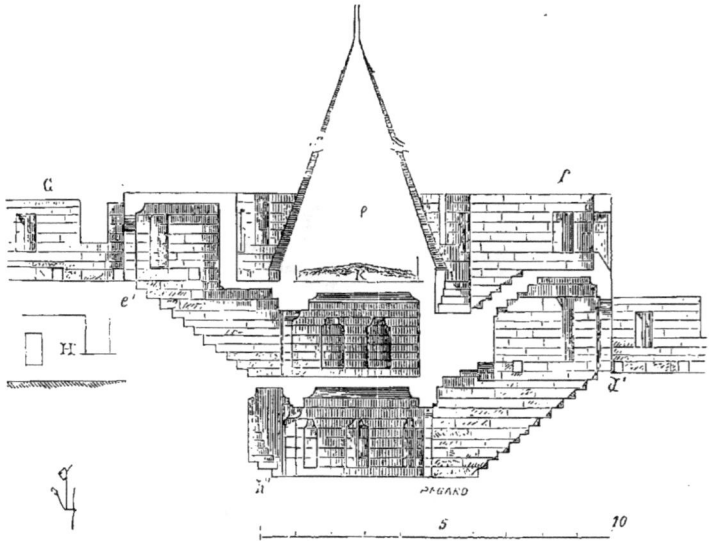

Fig. 9.

sur le chemin de ronde, communique à un degré qui
descend à l'étage inférieur A, et en *e*, la porte qui, s'ouvrant
sur le chemin de ronde d'amont, communique à un degré
qui descend à l'étage B. On arrive, du dehors, au crénelage
de la tour par le degré *g*. De plus, les deux étages A et B
sont mis en communication entre eux par un escalier intérieur *h h'*, pris dans l'épaisseur du mur de la tour. Ainsi les
hommes postés dans les deux étages A et B sont seuls en

communication directe avec les deux chemins de ronde des courtines. Si l'assaillant est parvenu à détruire les hourds et le crénelage supérieur, et si, croyant avoir rendu l'ouvrage indéfendable, il tente l'assaut de l'une des courtines, il est reçu de flanc par les postes établis et demeurés en sûreté

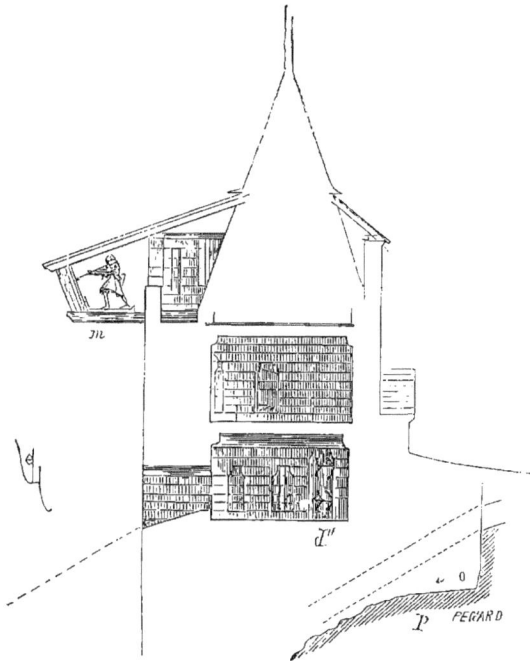

Fig. 10.

dans les étages inférieurs, lesquels étant facilement blindés, n'ont pu être écrasés par les projectiles des pierrières ou rendus inhabitables par l'incendie du comble et des hourds. Une coupe longitudinale faite sur les deux chemins de ronde, de *e* en *d*, permet de saisir cette disposition (fig. 9). On voit en *e'* la porte de l'escalier *e*, et en *d'* la porte de l'escalier *d* du plan. Cette dernière porte est défendue par une échauguette *f*, à laquelle on arrive par un degré de six marches. En *h''* commence l'escalier qui met en communication les deux étages A et B. Une couche de terre posée en *k* empêche le feu, qui pourrait être mis au comble *l* par les assiégés, d'endommager le plancher supérieur. La figure 10 donne la coupe de cette tour suivant l'axe perpendiculaire au front. En *d''* est la porte donnant sur l'escalier *d*. Les hourds sont posés en *m*. En *p* est tracé le profil de l'escarpement avec le prolongement des lignes de tir des deux rangs de meurtrières des étages A et B. Il n'est pas besoin de dire que les hourds battent le pied *o* de la tour.

Une vue perspective (fig. 11), prise des lices (point *x* du plan C), fera saisir les dispositions intérieures de cette défense.

Les approvisionnements des hourds et chemins de ronde de la tour se font, par le créneau *c* du plan C, au moyen d'un palan et d'une poulie, ainsi que le fait voir le tracé perspectif. Ici la tour ne commande que l'un des chemins de ronde (voyez la coupe, figure 9). Lors de la construction sous saint Louis, elle commandait les deux courtines ; mais sous Philippe le Hardi, lorsqu'on termina les défenses de la cité, on augmenta, ainsi qu'on l'a vu plus haut, le relief de quelques-unes des courtines de l'enceinte extérieure qui ne paraissaient pas avoir un commandement assez élevé. C'est à cette époque que le crénelage G fut remonté au-dessus de l'ancien crénelage *H*, sans qu'on ait pris la peine de démolir celui-ci ; de sorte qu'extérieurement ce premier crénelage H reste englobé dans la maçonnerie surélevée. En effet, le terrain extérieur s'élève comme le terrain des lices de *a* en *b* (voyez les plans), et les ingénieurs, ayant cru devoir adopter un commandement uniforme des courtines sur le dehors,

aussi bien pour l'enceinte extérieure que pour l'enceinte intérieure, on régularisa, vers 1285, tous les reliefs. Il faut
dire aussi qu'à cette époque on ne donnait plus guère un

Fig. 11.

commandement important aux tours sur les courtines qu'aux
saillants, ou sur quelques points où il était utile de découvrir
les dehors au loin.

Pour les grands fronts, les tours flanquantes n'ont, sur
les courtines, qu'un faible commandement, et cette disposition

est observée pour le grand front sud-est de l'enceinte intérieure de la cité, réparé et couronné par Philippe le Hardi.

La disposition de cette tour de l'enceinte extérieure que
nous venons de donner est telle, que cet ouvrage ne pouvait se défendre contre l'enceinte intérieure ; car, non-seulement cette tour est dominée de beaucoup, mais elle est, du
côté des lices, nulle comme défense.

Nous avons parcouru et décrit les points les plus importants des deux enceintes de la cité. Revenant à la porte
Narbonnaise, d'où nous sommes partis, et montant en ville
à travers une rue étroite et tortueuse, on arrive, en se dirigeant vers l'ouest, au château bâti sur le point culminant
de la cité.

J'ai dit que la plus grande partie des constructions de
cette citadelle remontait au commencement du XIIe siècle. Le
premier ouvrage qui se présente du côté de la ville est une
barbacane bâtie au XIIIe siècle, semi-circulaire, crénelée avec
chemins de ronde (voyez le plan général, fig. 16) et dans
laquelle est percée une avant-porte. Cette première porte
n'était défendue que par des meurtrières et des créneaux
garnis de doubles volets, un mâchicoulis et des vantaux de
bois. C'est, comme on peut le voir, une charmante construction, bien faite et passablement conservée.

Le plancher de bois et les combles seuls ont été enlevés,
mais la trace de ces compléments est si apparente, qu'on
ne peut se méprendre sur leur disposition. L'étage supérieur
de la porte était ouvert du côté du château, afin d'empêcher
les assaillants qui s'en seraient rendus maîtres de se défendre contre la garnison renfermée dans le château. Un
large fossé protège trois des fronts de cette citadelle, le quatrième donnant sur les escarpements faisant face à l'Aude.

Un pont, reconstruit en partie à une époque assez récente, donnait accès à la seule porte du château sur le front faisant face à la ville. Les piles de ce pont datent du XIIIe siècle, et les deux dernières, proches l'entrée, sont disposées de telle façon qu'un plancher mobile en bois devait s'y appuyer.

L'assaillant trouvait un premier obstacle formé d'une barrière de bois couverte d'un appentis. Cet obstacle détruit, supposant le plancher mobile enlevé, il avait à franchir un fossé d'une largeur de 2 mètres pour arriver à la première herse défendue par un mâchicoulis. Derrière cette herse est une porte de bois, un second mâchicoulis, une seconde herse et une seconde porte. La première herse se manœuvrait du deuxième étage. La deuxième herse était servie dans une petite chambre disposée immédiatement au-dessus du passage.

Les deux tours qui flanquent cette entrée renferment deux étages voûtés en calotte hémisphérique, et percés de meurtrières; les deux étages supérieurs sont séparés par un plancher. Ces deux étages supérieurs mettent, sans murs de refend, les deux tours en communication avec le dessus du passage. On ne pouvait arriver à ces étages que par un escalier de bois disposé contre la paroi plate de la porte, du côté de la cour ou par les chemins de ronde des courtines. Les salles voûtées ne sont éclairées que par les meurtrières. Le troisième étage prend jour sur la cour par une charmante fenêtre romane à doubles cintres posés sur une colonnette de marbre avec chapiteau sculpté, et par une très-petite ouverture donnant latéralement au-dessus de l'entrée à l'extérieur. Cette dernière fenêtre était percée pour permettre aux assiégés qui servaient la première herse de voir ce qui se passait à l'entrée et de prendre leurs dispositions

en conséquence, sans se démasquer. Bien que les tours
affectent la forme cylindrique à l'extérieur, à l'intérieur les
parements des étages supérieurs sont à pans coupés. Cette
construction était évidemment faite pour faciliter l'établissement de la charpente des combles. Il est beaucoup plus
facile de tailler et de poser une charpente en pavillon sur
un plan polygonal que sur un plan circulaire; le plan circulaire exige pour les sablières des bois courbes, pour la
pose des chevrons des assemblages compliqués. A la fin du
xie siècle on ne devait pas être fort habile dans ces sortes de
constructions, qui, un siècle et demi plus tard, étaient arri-
vées à un degré de perfection remarquable; aussi ne doit-on
pas s'étonner de voir cette forme de charpentes pyramidales
adoptée pour toutes les tours primitives du château. Les
constructeurs rachetaient les différences de saillies produites
par la forme circulaire du parement extérieur par des
coyaux.

Du deuxième étage on communique au premier au
moyen d'une trappe ouverte dans la voûte hémisphérique.
Cette trappe, percée derrière la petite fenêtre qui permet de
guetter l'entrée, était destinée à transmettre des ordres aux
gens qui servaient la deuxième herse dans la petite salle du
premier étage, soit pour faire tomber rapidement cette herse
en cas d'attaque, soit pour la lever lorsqu'un corps rentrait;
car on observera que les servants de la deuxième herse ne
peuvent voir ce qui se passe à l'extérieur que par une meur-
trière très-étroite, ou par le mâchicoulis ouvert devant cette
deuxième herse.

Dans cet ouvrage de défense si complet et dont nous donnons les coupes figure 12, tout est disposé pour que le
commandement puisse venir du haut, là où les moyens de

défense les plus efficaces étaient déployés, et là, par consé-

Fig. 12.

quent, où devait se tenir le capitaine de la tour au moment
de l'attaque. Nos vaisseaux de guerre, avec leurs écoutilles,

leurs porte-voix et leurs batteries basses, peuvent donner une idée des moyens de transmission du commandement alors en usage dans les ouvrages de fortification [1].

Tous les couronnements des murailles et des tours du château élevé vers le commencement du XIIe siècle étaient défendus en temps de guerre par des hourds très-saillants, car on remarquera que les trous par lesquels passaient les pièces de bois en bascule portant ces hourds, sont doubles, percés à 0m,60 environ l'un au-dessus de l'autre, afin de soulager la portée des pièces supérieures recevant le plancher par des corbelets et des liens de charpente. La pose de ces hourds devait être moins expéditive que celle des hourds · du XIIIe siècle portés par de fortes solives en bascule. Toutefois elle pouvait se faire sans trop de difficulté en supposant les liens assemblés par embrèvement, sans tenons ni mortaises, ce qui, du reste, eût été inutile, puisque les pièces de bois traversant les murs étaient parfaitement fixes et ne pouvaient dévier ni à droite ni à gauche. Un charpentier (fig. 13) à cheval sur la solive horizontale supérieure, adossé à la muraille, pouvait assembler le lien par le côté à coups de maillet, en ayant le soin de le retenir préalablement à l'aide d'un bout de corde [2].

1. Dans la figure 12, la coupe transversale est tracée en A. En I est l'extrémité du pont fixe; en B, le fossé couvert par un pont volant; en C, la première herse avec son treuil en E; en D, la deuxième herse avec son treuil en F; en G, les trous des hourds. En H est tracée la coupe longitudinale sur le passage et les salles voûtées.

2. Du chemin de ronde, les charpentiers faisaient couler par le trou inférieur une première pièce A, puis une seconde pièce B, en bascule. L'ouvrier, passant par le créneau, se mettait à cheval sur cette seconde pièce B, ainsi que l'indique le détail perspectif B', puis faisait entrer le lien C dans son embrèvement. La tête de ce lien était réunie à la pièce B par une che-

Fig. 13.

Les trous des solives dans les crénelages du château, étant plus petits que ceux des constructions datant du XIII<sup>e</sup> siècle, expliquent ce surcroît de précautions, destiné à empêcher les bois en bascule de fléchir à leur extrémité. On observera encore que les créneaux du château sont hauts (2 mètres), c'est que le plancher des hourds était posé à la base même de ces créneaux, au lieu d'être, comme au XIII<sup>e</sup> siècle, posé à 0<sup>m</sup>,30 au-dessus du sol du chemin de ronde. Il fallait donc passer par ces créneaux comme par autant de portes et leur donner une hauteur suffisante pour que les défenseurs pussent se tenir debout dans les galeries des hourds.

Nous ne devons pas passer sous silence un fait très-curieux touchant l'histoire de la construction. La plupart des portes et fenêtres des tours du château, du côté de la cour, sont couronnées par des linteaux en *béton*. Ces pierres factices ont beaucoup mieux résisté aux agents atmosphériques que les pierres de grès ; elles sont composées d'un mortier parfaitement dur, mêlé de cailloux concassés de la grosseur d'un œuf, et ont dû être façonnées dans des caisses de bois. Après avoir observé en place quelques-uns de ces linteaux, mon attention ayant été éveillée, j'ai retrouvé une assez grande quantité de ces blocs de béton dans les restaurations extérieures des murailles des Visigoths entreprises au XII<sup>e</sup> siècle. Il semblerait que les constructeurs de cette dernière époque, lorsqu'ils avaient besoin de matériaux résistants d'une grande dimension relative, aient employé ce procédé qui leur a par-

---

ville; un potelet D, entré de force par derrière, roidissait tout le système. Là-dessus, posant des plats-bords, il était facile de monter les doubles poteaux E entre lesquels on glissait les madriers servant de garde antérieure, puis on assujettissait la toiture qui couvrait le hourd et le chemin de ronde, afin de mettre les défenseurs à l'abri des projectiles lancés à toute volée. Des entailles G, ménagées entre les madriers, permettaient de viser.

faitement réussi ; car aucun de ces linteaux ne s'est brisé, comme il arriva fréquemment aux linteaux de pierre.

Après avoir franchi la porte du château, on entre dans une cour spacieuse, entourée aujourd'hui de constructions modernes qui ont été accolées aux courtines et tours. Ces constructions ont été élevées sur l'emplacement de portiques datant du xiii⁰ siècle et dont on retrouve toutes les amorces. Des traces d'incendie sont apparentes sur les parements des constructions du xii⁰ siècle, et font supposer que ces portiques ont remplacé des constructions de bois garnissant l'intérieur de la cour avant les restaurations entreprises par Louis IX et Philippe le Hardi. Du côté de l'est et du nord les murailles n'étaient doublées que par un simple portique. Du côté sud, s'élève un bâtiment dont toute la partie inférieure date du xii⁰ siècle et la partie supérieure de la fin du xiii⁰ avec remaniement au xv⁰. Ce bâtiment contenait, à rez-de-chaussée, des cuisines voûtées en berceau tiers-point, avec une belle porte plein cintre ouverte dans le pignon. Il sépare la grande cour d'une seconde cour donnant du côté du sud et fermée par une forte courtine du xii⁰ siècle, complétement restaurée au xiii⁰. A cette courtine était accolée une construction présentant un très-large portique à rez-de-chaussée, avec salle au premier étage. On voit encore en place, le long de la courtine, tous les corbeaux de pierre qui supportaient le plancher de cette salle, une belle cheminée dont les profils et les sculptures appartiennent à l'époque de saint Louis ; et, à l'angle de la tour carrée n° 31, dite tour Peinte, l'amorce des piles du portique inférieur. Une grande fenêtre carrée à meneaux éclairait du côté sud, vers Saint-Nazaire, la grande salle du premier étage. Cette fenêtre est élevée au-dessus du plancher intérieur, et la disposition

du plafond qui fermait l'ébrasement est telle, que les projectiles lancés du dehors ne pouvaient pénétrer dans la salle.
A l'angle sud-ouest du château s'élèvent d'énormes constructions, sortes de donjons ou réduits, indépendants les
uns des autres, qui commandaient les cours et les dehors.
La plus élevée, mais la plus étendue de ces bâtisses, est la
tour dite Peinte, n° 31, qui domine toute la cité dont elle
était la guette principale. Cette tour, sur plan barlong, ne
pouvait contenir et ne contenait en effet qu'un escalier de
bois, car elle n'est divisée, dans toute sa hauteur, par
aucune voûte ni aucun plancher. Une seule petite fenêtre
romane, percée vers la moitié de sa hauteur, s'ouvre sur la
campagne, du côté de l'Aude. Cette tour est intacte; on voit
encore son crénelage supérieur avec les trous des hourds
très-rapprochés, comme pour établir une galerie extérieure
saillante, en état de résister aux vents terribles de la
contrée.

Le plan de la tour n° 35 du château, dite du Major
(l'une de celles d'angle, l'autre tour n° 32 étant semblable),
est fort intéressant à étudier. Ces deux tours d'angle sont les
seules qui contiennent des escaliers à vis, en pierre. Les tours
n⁰ˢ 32, 34, 35 et 36 sont défendues comme les deux tours
de la porte : mêmes petites salles voûtées en calottes hémi-
sphériques, mêmes dispositions des crénelages, des meurtrières et hourds, même combinaison de combles pyra-
midaux.

Mais c'est sur le front ouest que l'étude du château de la
cité est particulièrement intéressante. Le côté occidental est
celui qui regarde la campagne et qui fait face à la grosse
barbacane bâtie en bas de l'escarpement.

Pour bien faire comprendre les dispositions très-compliquées

de cette partie du château, il faut que nous descendions à la
barbacane, et que, successivement, nous passions par tous

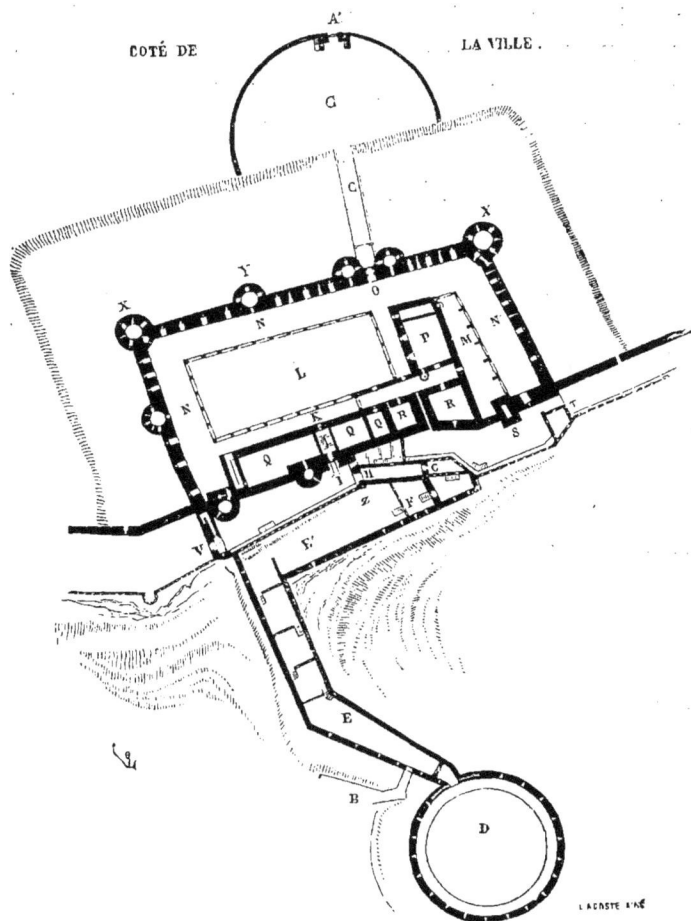

Fig. 14.

les détours si ingénieusement combinés pour rendre impossible l'accès du château à une troupe armée.

Malheureusement, la barbacane fut démolie il y a cinquante ans environ pour bâtir une usine le long de l'Aude. Cette destruction est à jamais regrettable, car, au dire de ceux qui ont vu ce bel ouvrage, il produisait un grand effet et était élevé en beaux matériaux. Je n'ai pu retrouver, en fouillant assez profondément, que ses fondations et ses premières assises, ce qui permettait seulement de reconnaître exactement et sa place et son diamètre.

La barbacane avait été élevée très-probablement sous saint Louis, comme la plupart des adjonctions et restaurations faites au château. Elle était percée de deux rangs de meurtrières et était couronnée par un chemin de ronde crénelé avec hourds. Elle n'était point couverte, sa grande étendue ne le permettant guère, mais devait posséder à l'intérieur des galeries de bois facilitant l'accès aux meurtrières, et formant un abri pour les défenseurs.

La porte était percée dans l'angle rentrant, côté du nord, sur le flanc de la grande caponnière qui monte à la cité (fig. 14) en B. Cette caponnière ou montée, fortifiée des deux côtés, est assez étroite à sa base près de la barbacane. Elle s'élargit en E jusqu'au point où, formant un coude, elle se dirige perpendiculairement au front du château, afin d'être enfilée par les assiégés postés sur les chemins de ronde de la double enceinte ou dans le château même ; puis, ayant atteint le pied de l'enceinte, la caponnière se détourne en E' à droite, longe cette enceinte du nord au sud, pour atteindre une première porte dont il ne reste que les pieds-droits. Ces rampes E sont crénelées à droite et à gauche. Leur montée est coupée par des parapets chevauchés. En F était un mur de garde en avant de la première porte ; ayant franchi cette première porte, on devait longer un deuxième mur de garde, passer par une barrière, se détourner brusquement à gauche, et se présenter devant une deuxième porte G, en étant battu de flanc par les gens de la deuxième enceinte. Alors on se trouvait devant un ouvrage considérable et bien défendu; c'est un couloir long, surmonté de deux étages, sous lesquels il fallait passer. Le premier de ces étages battait la porte G et était percé de mâchicoulis s'ouvrant sur le passage; le deuxième étage était en communication avec les crénelages supérieurs, battant soit la rampe, soit l'espace G. Le plancher du premier étage ne communiquait avec les lices que par une porte étroite. Si l'ennemi parvenait à occuper cet étage, il était pris comme dans une souricière, car, la petite porte fermée sur lui, il se trouvait exposé aux projectiles tombant des mâchicoulis du deuxième étage; et l'extrémité du plancher de ce premier étage étant interrompue en H, du côté opposé à l'entrée, il était impossible à cet assaillant d'avancer. S'il parvenait à franchir sans encombre le couloir à rez-de-chaussée, il était arrêté par la porte H percée dans une traverse couronnée par les mâchicoulis du troisième étage, communiquant avec les chemins de ronde supérieurs du château. Si, par impossible, les assiégeants s'emparaient du deuxième étage, ils ne trouvaient d'autre issue qu'une petite porte latérale donnant dans une salle établie sur des arcs, en dehors du château, et ne communiquant avec l'intérieur que par des détours qu'il était facile de barricader en un instant et qui d'ailleurs étaient fermés par des vantaux. Si, malgré tous ces obstacles accumulés, les assiégeants forçaient la troisième porte H, il leur fallait alors attaquer la poterne I du château, protégée par un système de défense formidable : des meurtrières, deux mâchicoulis placés l'un au-dessus de l'autre, un pont avec plancher mobile, une herse et des vantaux. Se fût-on emparé de cette

porte, qu'on se trouvait à 7 mètres en contre-bas de la cour
intérieure L, à laquelle on n'arrivait que par des degrés
étroits, défendus, et en passant à travers plusieurs portes en K.

En supposant que l'attaque fût poussée par les lices du
côté de la porte de l'Aude, on était arrêté par un poste T et
par une porte avec ouvrages de bois et un double mâchicoulis percé dans le plancher d'un étage supérieur communiquant avec la grande salle sur N du château, au moyen
d'un passage de charpente qui pouvait être détruit en un
instant; de sorte qu'en s'emparant de cet étage supérieur on
n'avait rien fait.

Si après avoir franchi l'ouvrage T, on poussait plus loin
sur le chemin de ronde, le long de la tour carrée S, on
rencontrait bientôt une garde avec porte bien munie de mâchicoulis et bâtie perpendiculairement au couloir G H. Après
cette porte, c'était une troisième porte étroite et basse percée
dans la grosse traverse Z qu'il fallait franchir; puis, on arrivait à la poterne I du château.

Si, au contraire, l'assaillant se présentait du côté opposé,
par les lices du nord, il était arrêté par une défense V, mais
de ce côté l'attaque ne pouvait être tentée, car c'est le point
de la cité qui est le mieux défendu par la nature. La grosse
traverse Z qui, partant de la courtine du château, s'avance à
angle droit jusque sur la montée de la barbacane, était couronnée par des mâchicoulis transversaux qui commandaient
la porte H et par une échauguette crénelée qui permettait de
voir ce qui se passait dans la caponnière, afin de prendre les
dispositions intérieures nécessaires, ou de reconnaître les
corps amis [1].

---

1. Notre figure 12 fait voir en C la barbacane du côte de la ville avec

Cette partie des fortifications de la cité carcassonnaise est certainement la plus intéressante ; malheureusement, elle ne présente plus que l'aspect d'une ruine. C'est en examinant scrupuleusement les moindres traces des constructions encore existantes, que l'on peut reconstituer ce bel ouvrage. Je dois dire, toutefois, que peu de points restent vagues et que le système de la défense ne présente pas de doutes. Il s'accorde parfaitement avec les dispositions naturelles du terrain, et ces ruines sont encore pleines de fragments qui donnent non-seulement la disposition des constructions de pierre, mais encore les attaches, prises et scellements des constructions de bois, des planchers et gardes.

Une vue cavalière du château et de la barbacane restaurés, que nous donnons ci-après, figure 15, présente l'ensemble de ces ouvrages.

Un plan de la cité et de la ville de Carcassonne, relevé en 1774, antérieurement par conséquent à la destruction de la barbacane, mentionne, dans la légende, un grand souterrain existant sous le *boulevard de la Barbacane,* mais depuis longtemps comblé. Je n'ai pu retrouver la trace de cette construction, à l'existence de laquelle je ne crois guère. Si ce souterrain a jamais existé, il devait établir une communication entre la barbacane et le moulin fortifié dit du Roi, afin de permettre à la garnison du château d'arriver à couvert jusqu'à la rivière.

Nous avons fait le calcul du nombre d'hommes strictement nécessaire pour défendre la cité de Carcassonne.

sa porte en A'; en O, la porte du château ; en L, la grande cour ; en P, le logis contenant les cuisines, en M, la deuxième cour avec le portique N sur lequel est établie la grande salle ; en Q et R, les logis, donjons, en D, la grande barbacane, et en X et Y les tours du XIIe siècle.

L'enceinte extérieure de la cité de Carcassonne possède
14 tours ; en les supposant gardées chacune
par 20 hommes, cela fait. . . . . . . . . .          280 hommes
    Vingt hommes dans chacune des trois
barbacanes. . . . . . . . . . . . . . . .          60
    Pour servir les courtines sur les points
attaqués . . . . . . . . . . . . . . . . .          100
    L'enceinte intérieure comprend 24 tours
à 20 hommes par poste ; en moyenne. . . .          480
    Pour la porte Narbonnaise. . . . . . .          50
    Pour garder les courtines. . . . . . .          100
    Pour la garnison du château. . . . . .          200
                                                            1,270

Ajoutons à ce nombre d'hommes les capi-
taines, un par poste ou par tour, suivant
l'usage. . . . . . . . . . . . . . . . . .          53
                                                           1,323

Il s'agit ici des combattants seulement ; mais il faut
ajouter à ce chiffre les servants, les ouvriers qu'il fallait avoir
en grand nombre pour soutenir un siége : soit au moins le
double des combattants. Ce nombre, à la rigueur, était suffi-
sant pour opposer une résistance énergique à l'ennemi, dans
une place aussi bien fortifiée.

    Les deux enceintes n'avaient pas à se défendre simulta-
nément, et les hommes de garde, dans l'enceinte intérieure,
pouvaient envoyer des détachements pour défendre l'enceinte
extérieure. Si celle-ci tombait au pouvoir de l'ennemi, ses
défenseurs se réfugiaient derrière l'enceinte intérieure. D'ailleurs, l'assiégeant n'attaquait pas tous les points à la fois.
Le périmètre de l'enceinte extérieure est de 1,400 mètres sur

Fig. 15.

les courtines ; donc c'est environ un combattant par mètre courant qu'il fallait compter pour composer la garnison d'une ville fortifiée comme la cité de Carcassonne.

Voici le nom des tours des deux enceintes en se rapportant aux numéros inscrits sur le plan général :

## ENCEINTE EXTÉRIEURE.

1. Barbacane de la porte Narbonnaise.
2. Tour de Bérard, dite aussi de Saint-Bernard.
3. Tour de Bénazet.
4. Tour de Notre-Dame, dite aussi de Rigal.
5. Tour de Mourelis.
6. Tour de la Glacière.
7. Tour de la Porte-Rouge.
8. Grande barbacane extérieure du château.
9. Avant-porte de l'Aude.
10. Tour du petit Canizou.
11. Tour de l'Évêque, appartenant aux deux enceintes.
12. Tour du grand Canizou.
13. Tour du grand Bru'as.
14. Tour d'Ourliac.
15. Tour Crémade, barbacane de la poterne Saint-Nazaire.
16. Tour Cautières.
17. Tour Pouleto.
18. Tour de la Vade, dite aussi du Papegay.
19. Tour de la Peyre.

## ENCEINTE INTÉRIEURE.

20. Tours et porte Narbonnaise.
21. Tour du Trésau, dite aussi du Trésor.
22. Tour du moulin du Connétable.
23. Tour du Vieulas.
24. Tour de la Marquière.
25. Tour de Sanson.
26. Tour du moulin d'Avar.
27. Tour de la Charpentière.
37. Tour de la Justice.
38. Tour Visigothe.
39. Tour de l'Inquisition.
40. Tour de Cahuzac.
41. Tour Mipadre, dite aussi tour du Coin ou de Prade.
42. Tour du Moulin.
43. Tour et poterne de Saint-Nazaire.
44. Tour Saint-Martin.
45. Tour des Prisons.
46. Tour de Castera.
47. Tour du Plò.
48. Tour de Balthazar.
49. Tour de Darejean ou de Dareja.
50. Tour Saint-Laurent.
51. Escalier descendant à la poterne de la tour de la Peyre.
52. Tour du Trauquet.
53. Tour de Saint-Sernin.

CHATEAU.

## ÉGLISE DE SAINT-NAZAIRE

### ANCIENNE CATHÉDRALE.

Cette église se compose d'une nef dont la construction remonte à la fin du xi$^e$ siècle ou au commencement du xii$^e$, et d'un transept avec abside et chapelles, datant du commencement du xiv$^e$ siècle.

Nous n'entreprendrons pas une discussion sur les édifices qui ont pu précéder l'église que nous voyons aujourd'hui, et dont les parties les plus anciennes ne remontent pas au delà de l'année 1090. Nous n'essayerons pas davantage de pénétrer les motifs qui firent reconstruire le sanctuaire, le transept et les chapelles au commencement du xiv$^e$ siècle, les documents historiques faisant absolument défaut. Mais, ce qui est certain, c'est que ces constructions du xiv$^e$ siècle ont été relevées sur les fondations romanes retrouvées partout, et notamment dans la crypte du xi$^e$ siècle que nous avons découverte sous le sanctuaire, en 1857, et qui fut alors déblayée. Seules, les voûtes de cette crypte avaient été détruites pour abaisser le sol de ce sanctuaire au xiv$^e$ siècle. Elles ont été remplacées par un plafond de pierre qui laisse apercevoir les anciennes piles et les murs percés de petites baies.

La nef romane présente une disposition qui a été adoptée

assez fréquemment dans les églises provençales et du bas Languedoc. La voûte centrale, en berceau avec arcs-doubleaux, est contre-butée par les voûtes également en berceau, couvrant les collatéraux très-étroits. Cette nef n'est donc éclairée que par les fenêtres des murs latéraux. Une porte plein cintre, datant du commencement du xii⁰ siècle, s'ouvre dans le bas-côté nord ; car autrefois la façade occidentale de la nef, ainsi que nous l'avons dit précédemment, était voisine des remparts et contribuait à leur défense. Sa base était seulement percée d'une très-petite porte qui s'ouvrait dans un couloir dont on aperçoit les amorces.

Vers 1260 fut accolée au flanc sud du transept roman, une chapelle dont le sol est au niveau du pavé de l'ancien cloître, c'est-à-dire à 2 mètres environ au-dessous du sol de l'église. Cette chapelle renferme le tombeau de l'évêque Radulphe, dont l'inscription donne la date de 1266, comme étant celle de la mort du prélat. C'est sur les instances de cet évêque que les habitants des faubourgs de la cité, proscrits à la suite du siége entrepris par le vicomte Raymond de Trincavel, furent autorisés à rebâtir leur ville de l'autre côté de l'Aude. Ce tombeau est un monument fort intéressant, bien que la figure du personnage, traitée en bas-relief, soit médiocre; le simulacre du sarcophage qui la porte donne une série de figurines d'une conservation parfaite, représentant les chanoines de la cathédrale dans leur costume de chœur. Ce soubassement est intact, car le sol de la chapelle ayant été relevé au niveau de celui du transept, les parties inférieures du monument sont restées enterrées pendant des siècles et ont été ainsi préservées des mutilations. Le chœur, le transept et les chapelles ont été élevés sous l'épiscopat de Pierre de Roquefort, de 1300 à 1320. Le plan roman a été suivi

dans la construction de cette partie de l'église, et c'est pourquoi les deux bras de ce transept présentent une disposition
originale qui appartient seulement à quelques édifices de
l'école romane du Midi, antérieure au xiii° siècle.

En effet, sur chacun de ces bras de la croix s'ouvrent trois
chapelles orientées, séparées seulement par des claires-voies
au-dessus d'une arcature de soubassement aveugle. Quatre
des piliers qui forment la séparation de ces chapelles sont
cylindriques comme pour rappeler ceux de la nef du
xii° siècle.

L'évêque Pierre de Roquefort sembla vouloir faire de sa
cathédrale de Saint-Nazaire, si modeste comme étendue,
un chef-d'œuvre d'élégance et de richesse. Contrairement à
ce que nous voyons à Narbonne, où la sculpture fait complétement défaut, l'ornementation est prodiguée dans l'église de
Saint-Nazaire. Les verrières, immenses et nombreuses (car
ce chevet et ce transept semblent une véritable lanterne),
sont de la plus grande magnificence comme composition et
couleur. Le sanctuaire, dont les piliers sont décorés des
statues des Apôtres, était entièrement peint. Les deux chapelles latérales de l'extrémité de la nef, au nord et au sud,
ne furent probablement élevées qu'après la mort de Pierre
de Roquefort, car elles ne se relient point au transept
comme construction, et, dans l'une d'elles, celle du nord, est
placé, non pas après coup, le tombeau de cet évêque, l'un
des plus gracieux monuments du xiv° siècle que nous con-
naissions.

Les grands vents du sud-est et de l'ouest qui règnent à
Carcassonne avaient fait ouvrir la porte principale sur le
flanc nord de la nef romane; une autre porte est percée
dans le pignon du bras de croix nord; et dans l'angle de ce

bras de croix est un joli escalier en forme de tourelle saillante. Des deux côtés du sanctuaire, entre les contre-forts,
sont disposés deux petits sacraires qui ne s'élèvent que jusqu'au-dessous de l'appui des fenêtres. Ces sacraires sont
munis d'armoires doubles, fortement ferrées et prises aux
dépens de l'épaisseur des murs. Il servaient de trésors, car
il était l'usage de placer, des deux côtés du maître autel des
églises abbatiales ou cathédrales, des armoires destinées à
renfermer les vases sacrés, les reliquaires et tous les objets
précieux.

Outre les tombeaux des évêques Radulphe et Pierre
de Roquefort on voit, sur les parois du sanctuaire, côté de
l'évangile, un beau tombeau en albâtre d'un évêque dont la
statue est couchée sur un sarcophage et que l'on dit être
Simon Vigor, archevêque de Narbonne, mort à Carcas-
sonne en 1575. Ce tombeau et la statue datant du xiv<sup>e</sup> siècle
ne peuvent, par conséquent, être attribués à ce prélat. Nous
signalerons une autre erreur. On a placé dans l'église de
Saint-Nazaire une dalle funéraire que l'on donne comme ayant
appartenu au tombeau du fameux Simon de Montfort. D'abord
le tombeau de Simon de Montfort fut élevé près de Montfort-
l'Amaury, dans l'église de l'abbaye des Hautes-Bruyères,
et, s'il y eut jamais à Carcassonne un monument dressé
à sa mémoire, après la levée du siége de Toulouse, ce
ne pourrait être une dalle funéraire. Puis la gravure de cette
dalle, l'inscription, sont tracées par un faussaire ignorant et
inhabile. Toutefois, cette dalle ayant été retrouvée, dit-on, sans
qu'on ait su exactement où et comment, et donnée à l'église
de Saint-Nazaire, nous n'avons pas cru devoir la rejeter.

On voit, incrusté dans la muraille de la chapelle de
droite, un fragment d'un bas-relief d'un intérêt plus sérieux

en ce qu'il présente l'attaque d'une place forte. Ce fragment, quoique d'un travail très-grossier, date de la première moitié du xiiie siècle. L'assaillant essaye de forcer les lices d'une ville entourée de murailles, et les assiégés font jouer un mangonneau. On a cru voir dans ce bas-relief une représentation de la mort de Simon de Montfort, tué devant les murs de Toulouse par la pierre d'un engin servi par des femmes, sur la place de Saint-Sernin. L'hypothèse n'a rien d'invraisemblable, ce bas-relief datant de l'époque de ce siège, et des anges enlevant dans les airs l'âme d'un personnage, sous la forme humaine, qui peut bien être celle de Simon de Montfort.

Parmi les plus belles verrières qui décorent les fenêtres de la cathédrale de Saint-Nazaire, il faut citer celle de la première chapelle près du sanctuaire, côté de l'épître, et qui représente le Christ en croix, avec la tentation d'Adam, des prophètes tenant des phylactères sur lesquels sont écrites les prophéties relatives à la venue et à la mort du Messie. Ce vitrail, comme entente de l'harmonie des tons, est un des plus remarquables du xive siècle. Toutes les autres verrières à sujets légendaires datent de cette époque. Mais dans le sanctuaire, il existe deux fenêtres garnies, au xvie siècle, de vitraux d'une grande valeur qui appartiennent à la belle école toulousaine de la Renaissance. Les grisailles sont modernes et ont été fabriquées à l'aide des fragments anciens qui existaient encore. Les vitraux des deux roses et des deux chapelles de la nef sont anciens et ont été simplement restaurés avec le plus grand soin.

La sacristie, jointe à la chapelle de l'évêque Radulphe, a été construite en même temps que cette chapelle, puis réparée au xve siècle.

INTÉRIEUR DE LA CITÉ.

Il n'existe plus, dans l'intérieur de la cité, que quelques débris des maisons anciennes et trois puits. L'un large, avec belle margelle surmontée de trois piliers, margelle et piliers qui datent du xive siècle. Ce puits a été creusé dans le roc dès une époque très-ancienne et est comblé aujourd'hui; l'autre, beaucoup plus étroit, dont la margelle date du xve siècle, le troisième, dans le cloître de Saint-Nazaire. Il devait exister des citernes dans la cité, car ces trois puits et ceux établis dans quelques-unes des tours, ainsi qu'on l'a vu, ne pouvaient suffire aux besoins de la garnison et des habitants. Une seule de ces citernes a été découverte par nous; elle est creusée sous la montée de la porte de l'Aude, entre les deux enceintes. On y descend par un escalier, pratiqué dans l'épaisseur du mur de la première enceinte, et on pouvait puiser l'eau qu'elle contenait par un regard avec margelle que l'on voit le long de ce mur en montant à la porte de l'Aude. Cette citerne est aujourd'hui comblée en partie : elle devait être alimentée par les eaux de pluies recueillies entre la porte de l'Aude et le cloître de Saint-Nazaire, et peut-être par une source qui aujourd'hui ne donne que très-peu d'eau.

On voit encore, accolés aux remparts intérieurs, des logis qui ont été élevés en même temps que les défenses et qui étaient probablement destinés à contenir des postes et des commandants supérieurs. Ces restes sont apparents : à la porte Narbonnaise, face intérieure de gauche, derrière les tours nᵒˢ 51, 52, 48 et 44, à l'intérieur de la porte de l'Aude et derrière la tour nᵒ 25.

Une petite église existait le long des murailles, près de la porte Narbonnaise; c'était l'église de Saint-Sernin, dont la tour n° 53 formait l'abside. Au xv<sup>e</sup> siècle, une fenêtre à meneaux fut ouverte dans cette abside, à travers la maçonnerie visigothe. L'église fut démolie pendant le dernier siècle; elle était de construction romane.

Cette description sommaire de la cité de Carcassonne peut faire comprendre l'importance de ces restes, l'intérêt qu'ils présentent et combien il importait de ne pas les laisser périr. L'église de Saint-Nazaire a été complétement restaurée par les soins de la Commission des monuments historiques. Ces travaux, entrepris en 1844, n'ont été terminés qu'en 1860. Toutes les tours de l'enceinte intérieure, découvertes depuis un grand nombre d'années, et particulièrement celles qui sont voûtées, avaient beaucoup souffert des intempéries de l'atmosphère. Longtemps ces ruines ont été abandonnées aux habitants de la cité, qui ne se faisaient pas faute d'enlever les matériaux des parapets et des chemins de ronde à leur portée, et de se servir des tours comme de dépôts d'immondices. La circulation, sur le chemin de ronde, était très-difficile. Sur le front sud, un grand nombre de maisons et de baraques s'adossaient aux remparts. Ces maisons, qui composent ce qu'on appelle encore aujourd'hui le quartier des Lices, sont occupées par une population pauvre de tisserands qui vivent dans des rez-de-chaussée humides, pêle-mêle avec des animaux domestiques.

Depuis 1855, des travaux de restauration, et principalement de consolidation et de couverture des tours, ont été entrepris dans la cité de Carcassonne, sous la direction supérieure de la Commission des monuments historiques.

Chaque année, depuis cette époque, des crédits sont ouverts pour restaurer les parties de l'enceinte qui souffrent le plus et qui présentent le plus d'intérêt. Déjà la plupart des tours de l'enceinte intérieure sont couvertes comme elles l'étaient jadis. Des pans de mur qui menaçaient ruine, particulièrement du côté de la porte de l'Aude, ont été remontés et consolidés, les chemins de ronde sont praticables. De son côté, l'administration de la guerre a mis quelques fonds à notre disposition, et tous les ans le Conseil général de l'Aude et la ville de Carcassonne accordent des crédits qui sont spécialement affectés aux acquisitions des maisons adossées encore aux remparts.

Bien que les crédits disponibles soient faibles chaque année, cependant le résultat obtenu est considérable et les nombreux étrangers qui visitent aujourd'hui la cité de Carcassonne peuvent se faire une idée exacte du système de défense employé dans les fortifications des diverses époques du moyen âge.

Je ne sache pas qu'il existe nulle part en Europe un ensemble aussi complet et aussi formidable de défense des vi$^e$, xii$^e$ et xiii$^e$ siècles, un sujet d'étude aussi intéressant, et une situation plus pittoresque. Tous ceux qui tiennent à nos anciens monuments, qui aiment et connaissent l'histoire de notre pays, désirent voir achever cette restauration, et déjà, dans le Midi, la cité de Carcassonne, à peine visitée autrefois, est devenue le point d'arrêt de tous les voyageurs.

PARIS. — Impr. J. CLAYE. — A. QUANTIN et C$^{ie}$, rue St-Benoît. [1898]

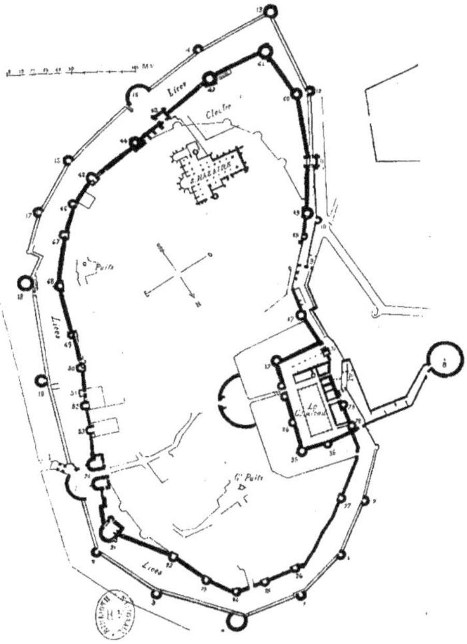

Fig. 16 — Plan général de la Cité.

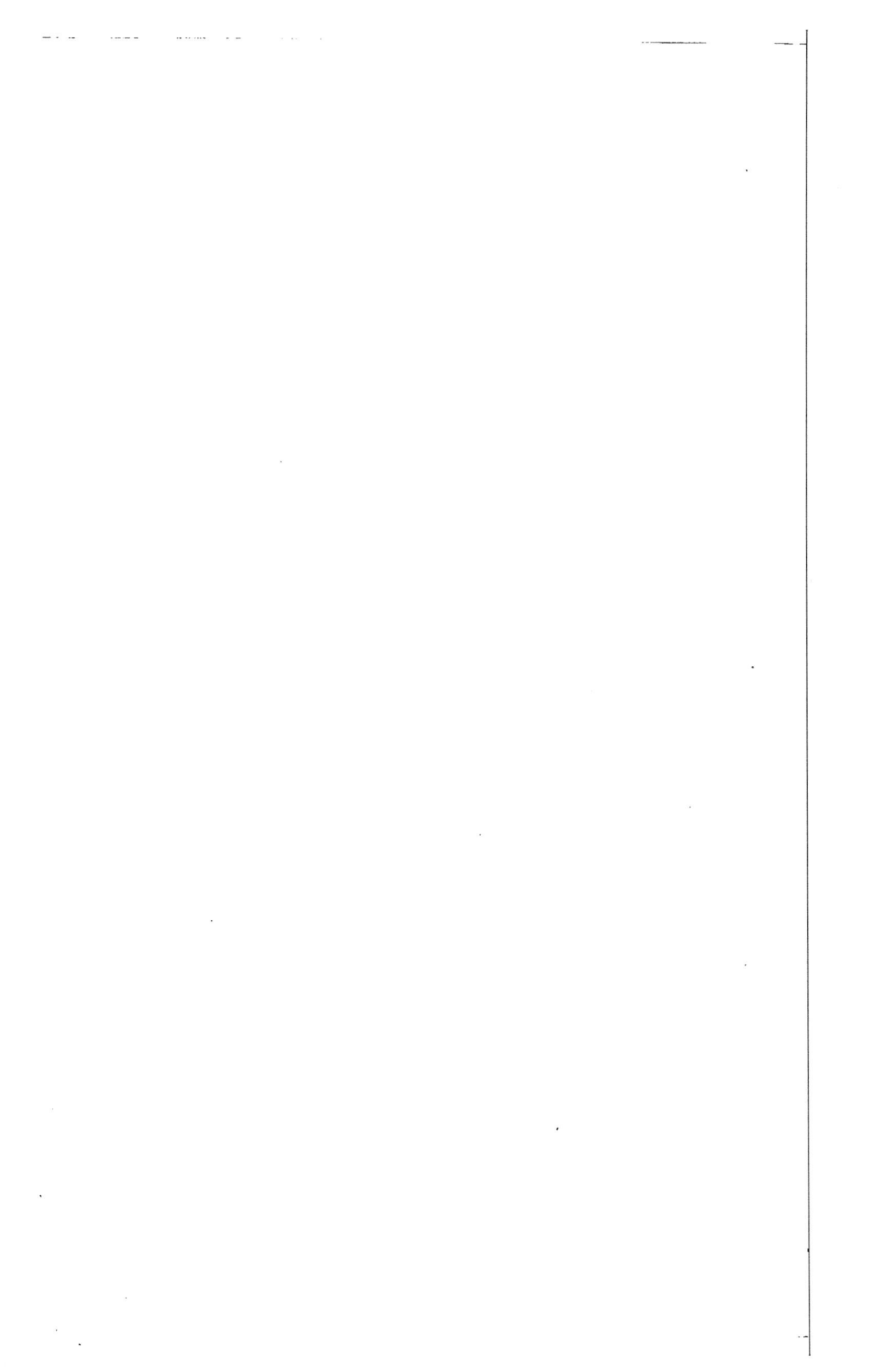

# EXTRAIT

# DU CATALOGUE GÉNÉRAL

## PUBLICATIONS PÉRIODIQUES

ENCYCLOPÉDIE D'ARCHITECTURE. Revue mensuelle des travaux publics et particuliers (2ᵉ série), publiée sous la direction d'un comité d'architectes et d'ingénieurs.

Il parait par an 12 numéros formant un volume in-4°, composé de 72 planches et de 18 feuilles de texte avec gravures intercalées.

Prix de l'abonnement : Paris . . . . . . 40 fr.
— — Départements . 45 »

La 1ʳᵉ année (1872) se compose, par exception, de 15 numéros et 90 planches.

La 5ᵉ année est en cours de publication.

GAZETTE DES ARCHITECTES ET DU BATIMENT, journal bi-mensuel (2ᵉ série), paraissant les 15 et 30 de chaque mois.

Chaque numéro, format in-4°, se compose d'une feuille de texte avec bois intercalés. L'année forme un volume de 200 pages environ.

Prix de l'abonnement annuel . . . . . 20 fr.
Pour les abonnés de l'*Encyclopédie d'architecture* . . . . . . . . . . . . . . 10 »

La 5ᵉ année est en cours de publication.

L'ART POUR TOUS. Encyclopédie de l'art industriel et décoratif, paraissant les 15 et 30 de chaque mois; publié sous la direction de M. Cl. Sauvageot. — 24 numéros par an, composés chacun de 4 estampes. Chaque estampe est accompagnée d'une notice historique et descriptive en français, en anglais et en allemand.

L'abonnement part du 15 janvier. — Chaque année forme un beau volume in-folio.

Prix de l'abonnement annuel : 24 numéros . . . . . . . . . . . . . . . . 24 fr.
Prix des années, une fois parues, en carton ou cartonnées. . . . . . . . 30 »

Les 2ᵉ, 3ᵉ et 4ᵉ années sont exceptionnellement composées de 36 numéros.

La 15ᵉ année est en cours de publication.

JOURNAL DE MENUISERIE. Revue mensuelle paraissant tous les deux mois, sous la direction de M. P. Chabat. Chaque numéro est composé de 8 planches et de 4 pages de texte avec figures intercalées.

Prix de l'abonnement :
Paris et départements . . . . . . 24 fr.
Chaque année parue, en carton. . 25 »
— — reliée. . . . 30 »

La 13ᵉ année est en cours de publication.

JOURNAL DE SERRURERIE. Revue mensuelle paraissant tous les deux mois, sous la direction de M. A. de Baudot. Chaque numéro comprend 8 planches et 4 pages de texte in-4° avec figures intercalées.

Prix de l'abonnement :
Paris et départements . . . . . . . 24 fr.
Chaque année parue, en carton. . 25 »
— — reliée. . . 30 »

La 3ᵉ année est en cours de publication.

JOURNAL - MANUEL DE PEINTURES appliquées à la décoration des monuments appartements, magasins, etc. ; par une société de peintres-décorateurs (2ᵉ série).

Il parait chaque mois un numéro dans le format in-folio, composé de quatre pages de texte et de deux planches, imprimées en couleur par les procédés chromolithographiques.

Prix : l'année courante . . . 25 fr.
— chaque année parue. . 30 »

La 6ᵉ année, 2ᵉ série (26ᵉ année d'existence de l'ouvrage), est en cours de publication.

Collection complète des 20 premières années.
Prix : 700 francs.

Il ne reste plus de cette collection qu'un petit nombre d'exemplaires

L'ART DE DÉCOUPER LE BOIS, le cuivre, l'ivoire, la corne, etc., journal men-

4

suel comprenant également la marqueterie et la sculpture simple, par E. Brocard.

12 numéros de 2 feuilles in-plano. — Prix de l'abonnement annuel :

Paris. . . . . . . . 10 fr.
Départements. . . . . 12 »
Étranger. . . . . . 13 »

Chaque année se vend séparément 12 fr.

La cinquième année est en cours de publication.

PUBLICATION INDUSTRIELLE des machines, outils et appareils les plus perfectionnés et les plus récents employés dans les différentes branches de l'industrie française et étrangère, par Armengaud aîné.

Prix de l'abonnement annuel. 40 fr.
Départements. . . . . . . . . 45 »
Étranger, port en sus.
Les 22 vol. publiés, ensemble. 660 »

On peut se procurer séparément chaque volume paru, au prix de 40 francs.

Le 23ᵉ volume est en cours de publication.

AGENDA SPÉCIAL DES ARCHITECTES et des entrepreneurs de bâtiments, publié avec le concours de tous les architectes. (10,000 renseignements). Avec tablettes de poche pour tous les jours de l'année, paraissant chaque année, en novembre, pour l'année suivante.

Un portefeuille avec tablettes in-18.

Prix : 6 francs.

## OUVRAGES EN COURS DE PUBLICATION

ART (L') ARABE d'après les monuments du Kaire, depuis le vɪɪᵉ siècle jusqu'à la fin du xvɪɪᵉ, par Prisse d'Avennes.

Deux volumes de planches et un volume de texte. Les deux volumes de planches paraîtront en 50 livraisons, renfermant chacune quatre planches, exécutées en gravure ou en chromolithographie. Le volume de texte de 300 à 400 pages grand in-4ᵉ, orné de nombreuses vignettes, sera publié avec la cinquantième et dernière livraison de planches.

Prix : Première édition avec les planches imprimées sur papier grand raisin, in-plano.

Chaque livraison : 20 fr.

Deuxième édition avec les planches imprimées sur papier demi-petit colombier.

Chaque livraison : 15 fr.

47 livraisons sont en vente.

CONCOURS DE L'ÉCOLE DES BEAUX-ARTS, Médailles et mentions, dessinés d'après les originaux par J. Boussard, architecte, ancien élève de l'École des Beaux-Arts.

L'ouvrage paraît par livraisons de 6 planches; 6 livraisons forment une série.

Prix de la série : 30 fr.

Les deux premières séries sont en vente.

ÉTUDES CLASSIQUES DE DESSIN, autolithographiées par Jules Laurens, tirées de la collection des *Classiques de l'art* de Félix Ravaisson, inspecteur général de l'In-

struction supérieure, publiées sous les auspices du ministre de l'Instruction publique.

L'ouvrage est publié par séries, composées de douze planches chacune.

Prix de chaque série sous couverture : 15 fr.

Chaque planche se vend séparément 1 fr. 25.

Quatre-vingt-seize planches sont en vente.

HABITATIONS MODERNES recueillies par E. Viollet-le-Duc, avec le concours du comité de rédaction de l'*Encyclopédie d'architecture* et la collaboration de Félix Narjoux, architecte.

L'ouvrage se composera de 200 planches et d'un texte illustré et sera publié en 10 livraisons de 20 planches in-folio.

Pour les souscripteurs, prix de l'ouvrage complet. . . . . . . . . . . . . . . . . . . . 200 fr.

Une fois la dernière livraison parue, le prix de l'ouvrage sera augmenté.

Neuf livraisons sont en vente. (180 planches).

MONOGRAPHIE DE LA CATHÉDRALE D'ORVIETO, par Benois, Resanoff et Krakau, architectes.

L'ouvrage, comprenant trente planches dont onze en chromolithographie et dix-neuf planches gravées, sera publié en 3 livraisons de dix planches chacune. Un texte descriptif paraîtra avec la dernière livraison.

Prix : 75 fr.

La première livraison est en vente.

MONUMENTS (LES) PRINCIPAUX DE LA FRANCE, reproduits en héliogravure, par E. Baldus.

L'ouvrage se composera de 60 planches en héliogravure et sera publié en trois livraisons de 20 planches.

Prix de la livraison. . . . 80 fr.
L'ouvrage complet. . . . . 240 »

La première livraison est en vente.

PALAIS DE VERSAILLES, Grand et Petit Trianon. Motifs de décoration intérieure et extérieure, reproduits par les procédés d'héliogravure de E. Baldus.

L'ouvrage se composera de 100 planches, dont :

50 planches reproduisant des motifs de décoration intérieure.

50 planches reproduisant les groupes, statues, etc., etc.

L'ouvrage paraîtra en 5 livraisons de 20 planches.

Prix de la livraison. . . 30 fr.
L'ouvrage complet. . . . 150 »

La première livraison est en vente.

# OUVRAGES TERMINÉS

ANTIQUITÉS D'ATHÈNES ET DE L'ATTIQUE, par Stuart, Revett et Hittorff.

Le texte de l'ouvrage est complétement épuisé. L'intérêt des gravures et l'importance des documents qu'elles présentent nous ont décidés à faire de ces 251 planches un nouveau tirage que nous vendons sans le texte, avec tables explicatives.

Prix, en carton : 125 francs.

ARABESQUES (LES GRANDES) de Du Cerceau, héliogravure de E. Baldus.

Série complète. — 35 planches in-folio, sur papier de Hollande.

Prix : 35 francs.

ARABESQUES (LES PETITES) de Du Cerceau, héliogravure de E. Baldus.

Série complète. — 62 planches in-4°, sur papier de Hollande.

Prix : 55 francs.

Édition in-folio, sur papier de Hollande.

Prix : 62 francs.

ARCHITECTURE BYZANTINE. Recueil de monuments des premiers temps du christianisme en Orient, par Charles Texier et R. Popplevel-Pullan.

Un volume grand in-folio, contenant plus de 200 pages de texte illustré, et 70 planches dont 14 en couleur.

Prix, relié : 150 francs.

ARCHITECTURE CIVILE ET RELIGIEUSE. Syrie centrale du I<sup>er</sup> au VII<sup>me</sup> siècle, par le comte Melchior de Vogué, membre de la Société des antiquaires de France, etc.

Deux volumes grand in-4°, contenant 150 planches gravées sur acier par MM. Léon Gaucherel et Auguste Guillaumot, d'après les dessins de MM. de Vogué et E. Duthoit, architecte.

Prix, en carton : 150 francs.

ARCHITECTURE COMMUNALE. Hôtels de ville, mairies, maisons d'école, salles d'asile, presbytères, halles et marchés, abattoirs, lavoirs, fontaines, etc., par Félix Narjoux, architecte.

Deux volumes grand in-4° jésus, comprenant 150 planches et 15 feuilles de texte, avec une préface de M. E. Viollet-le-Duc.

Prix, en carton. . . . 120 fr.
— relié. . . . . . 140 »

ARCHITECTURE, DÉCORATION ET AMEUBLEMENT. Époque Louis XVI; dessinés et gravés d'après des motifs choisis dans les palais nationaux, le mobilier de la couronne et les monuments publics, avec texte descriptif, par R. Pfnor.

Un volume in-folio, composé de 50 planches gravées et d'un texte historique et descriptif illustré.

Prix, en carton : 125 francs.

ARCHITECTURE (L') DES NATIONS ETRANGÈRES. Étude sur les constructions du parc à l'Exposition universelle de Paris, en 1867, par Alfred Normand, architecte.

Un volume grand in-folio, composé d'un texte illustré et de 73 planches gravées ou en couleur; ces dernières comptent comme planches doubles.

Prix, en carton : 90 francs.

ARCHITECTURE ET DÉCORATIONS TURQUES, au XV<sup>e</sup> siècle, par Léon Parvillée.

Cinquante planches in-folio, gravées ou imprimées en couleur, avec un texte descriptif et gravures intercalées, et une préface de M. Viollet-le-Duc.

Prix : 120 francs.

ARCHITECTURE (L') du v^e au xvii^e siècle et les arts qui en dépendent : la sculpture, la peinture murale, la peinture sur verre, la mosaïque, la ferronnerie, etc., publiés d'après les travaux inédits des principaux architectes français et étrangers, par Jules Gailhabaud. — Édition in-folio.

Quatre volumes in-folio, comprenant plus de 400 planches gravées ou en couleur, accompagnées d'un texte illustré, même format.

Prix, en carton : 400 francs.

ARCHITECTURE (L') PITTORESQUE EN SUISSE, ou choix de constructions rustiques prises dans toutes les parties de la Suisse, dessinées et gravées, par A. et E. Varin.

48 planches petit in-folio.

Prix, en carton : 45 francs.

ARCHITECTURE ROMANE du midi de la France, mesurée, dessinée et décrite, par Henri Revoil, architecte.

L'ouvrage, — avec l'appendice comprenant des découvertes importantes relatives à la classification chronologique des monuments décrits dans l'ouvrage et à l'existence de nombreux restes d'architecture carlovingienne dans le midi de la France, — forme 3 volumes in-folio avec gravures intercalées dans le texte explicatif, et 221 planches gravées.

L'ouvrage complet en carton : 260 francs.

ART (L') ARCHITECTURAL en France depuis François I^er jusqu'à Louis XVI, par Eugène Rouyer, architecte; texte par Alfred Darcel.

Deux volumes grand in-4°, contenant 200 planches gravées sur acier, accompagnées de tables et d'un texte descriptif.

Prix, en carton : 200 francs.

ART (L') DE BATIR, par Jean Rondelet, architecte.

Cinq volumes de texte in-4°, et atlas in-folio de 200 planches.

Prix : 125 francs.

ART (L') DÉCORATIF. Modèles de décoration de tous les styles, de la Renaissance à Louis XVI, choisis dans les œuvres des plus célèbres artistes, sous la direction de Godefroid Umé.

L'ouvrage est divisé en cinq parties : Renais-

sance, Louis XIII, Louis XIV, Louis XV et Louis XVI.

121 planches. Prix, en carton : 60 francs.

ART (L') ET L'INDUSTRIE, par J.-A.-G. Davioud, architecte. Mémoire couronné par l'Académie des Beaux-Arts (prix Bordier, 1872).

Une brochure grand in-8° de 110 pages, imprimée avec luxe par A. Jouaust, avec frises et culs de-lampe.

Prix : 5 francs.

Il a été tiré quelques exemplaires sur papier de Hollande.

ART (L') INDUSTRIEL. Recueil de dispositions et décorations intérieures, comprenant des modèles pour tous les détails d'ameublement et de luxe, composés et dessinés par Léon Feuchère, architecte décorateur.

Un volume in-folio composé de 85 planches gravées par Varin frères, et précédées d'une introduction sur l'application de l'art à l'industrie.

Prix : 84 francs.

ARTS (LES) ARABES. Architecture, menuiserie, bronzes, plafonds, revêtements, pavements, vitraux, etc., et le trait général de l'art arabe, par Jules Bourgoin, architecte.

Un volume comprenant : 1^re partie : le *Trait général de l'art arabe*, texte explicatif avec gravures intercalées, et la description des planches. — 2^e partie : 92 planches gravées ou chromolithographiées.

Prix : 200 francs.

ARTS (LES) DÉCORATIFS à toutes les époques, par Édouard Lièvre.

Deux volumes comprenant 120 planches, dont 20 à un seul ton et 100 à plusieurs couleurs.

L'ouvrage complet : 300 francs.

ARTS (LES) SOMPTUAIRES. Histoire du costume et de l'ameublement et des arts qui s'y rattachent, sous la direction de Hangard-Maugé.

Quatre volumes grand in-4°, dont deux volumes de texte de 300 pages environ chacun, et deux volumes d'album, comprenant 320 planches en chromolithographie.

Prix, cartonné. . . . . 600 fr.
Reliure d'amateur . . 650 »

BATIMENTS DE CHEMINS DE FER, par Pierre Chabat, architecte.

Deux volumes, composés de 100 planches chacun.

Prix, en carton : 200 francs.

CATHÉDRALE DE BAYEUX. Reprise en sous-œuvre de la tour centrale par E. Flachat; description des travaux par H. de Dion et L. Lasvignes, ingénieurs civils, anciens élèves de l'École centrale.

Un volume grand in-4° de 13 feuilles de texte, avec 5 bois intercalés et 25 planches gravées dont 4 doubles.

Prix : 30 fr.

CENT STATUES dessinées et gravées à Rome en 1638, par F.-B. Perrier. — Nouvelle édition faite sur les planches originales.

100 planches in-4°, imprimées sur chine, en carton.

Prix : 35 fr.

CHAPELLES DE NOTRE-DAME DE PARIS. Peintures murales exécutées sur les cartons de E. Viollet-le-Duc, relevées par Maurice Ouradou, inspecteur des travaux de la cathédrale.

Un texte descriptif et explicatif et 62 planches in-folio, tirées en couleur avec le plus grand soin.

Prix, en carton. . . . . 220 fr.
— relié. . . . . . . 240 »

CHEMIN DE FER DE LYON A LA CROIX-ROUSSE. Description des travaux et du matériel fixe et roulant, par Molinos et Pronnier, ingénieurs.

1 volume de 10 planches, formant 21 feuilles demi-raisin, accompagnées d'un texte descriptif. Broché, texte et atlas réunis.

Prix : 30 francs.

CHEMINÉES (LES) de Du Cerceau, héliogravure de E. Baldus.

Série complète. — 20 planches in-folio sur papier de Hollande.

Prix : 20 francs.

CHOIX D'ÉDIFICES PUBLICS construits ou projetés en France, extraits des archives du conseil des bâtiments civils; publiés avec l'autorisation du Ministre de l'intérieur, par Gourlier, Biet, Grillon et Tardieu, inspecteurs généraux des bâtiments civils.

Trois volumes in-folio comprenant 388 planches, accompagnées de notices explicatives.

Prix, en carton. . . . . 230 fr.
— relié. . . . . . . 260 »

COLLECTION BASILEWSKY. Catalogue raisonné, précédé d'un essai sur les arts industriels du 1er au xvie siècle, par Alfred Darcel et A. Basilewsky.

L'ouvrage se compose de : 1o Un *Essai sur les arts industriels du 1er au xvie siècle* (122 pages in-4°); — 2o *Catalogue raisonné* (336 pages in-4°) donnant la description de 561 objets précieux : terres cuites, ivoires, bois sculptés, bronzes, orfévrerie, émaux, armes, ferronnerie, faïences, verres, etc.; — 3o Cinquante planches in-4° en chromolithographie ou en héliogravure.

Prix, cartonné en 2 volumes : 250 francs.

Édition de luxe sur papier de Hollande, numérotée de 1 à 110.

Prix : 500 francs.

COLLECTION DES PLUS BELLES COMPOSITIONS DE LEPAUTRE, par Decloux, architecte, et Doury, peintre.

Un volume in-folio, contenant 100 planches gravées.

Prix, en carton : 60 francs.

CONSTRUCTIONS (LES) EN BOIS DE LA SUISSE, relevées dans les divers cantons et comparées aux constructions en bois de l'Allemagne, par Ernest Gladbach; texte traduit par Schacre, architecte, et Henri de Suckau.

Un volume grand in-4°, comprenant 8 feuille de texte, illustrées de 78 gravures intercalées, et 40 planches même format dont quelques planches en couleur.

Prix, en carton : 75 francs.

COSTUMES ANCIENS ET MODERNES, par Cesare Vecellio, précédés d'un essai sur la gravure sur bois, par Ambroise-Firmin Didot.

Deux volumes in-8° brochés.

Prix : 30 francs,

COURS ÉLÉMENTAIRE ET GRADUÉ du dessin de la figure humaine, lithographié par Jules Laurens, publié sous les auspices du Ministre de l'Instruction publique, pour servir à l'enseignement du dessin dans les écoles primaires, sous la direction de Sébastien Cornu.

Deux séries de quinze feuilles in-folio raisin chacune, avec une préface pour l'explication des planches.

Chaque série se vend 5 francs.

DÉCORATIONS INTÉRIEURES (Époques Renaissance et Louis XIV), de Jean Bérain.

Un volume in-folio de 30 planches lithographiées par Arnout père.

Prix : 30 francs.

DÉCORATIONS INTÉRIEURES (Époque Louis XVI), Frises, dessus de portes, panneaux, devants de cheminée, etc., par Fr.-M. Quéverdo. Nouvelle édition sur les planches originales.

Un volume composé de 20 planches in-folio imprimées sur chine.

Prix, en carton. . . . . , . 20 fr.

— relié. . . . . . . . 30 »

DÉCORATIONS INTÉRIEURES ET MEUBLES des époques Louis XIII et Louis XIV, reproduits d'après les compositions de Crispin de Passe, L. Vredeman de Vries, Sébastien Serlio, Bérain, Jean Marot, de Bross, etc., et relevés sur des monuments de ces deux époques, par L. G. Adams, architecte.

Un volume in-folio, composé de 100 planches gravées sur acier, et d'une introduction.

Prix, en carton : 100 francs.

DÉCOUVERTE DE L'AGE et de la véritable destination des QUATRE PYRAMIDES DE GIZEH, par A. Dufeu, membre de l'institut égyptien et de la Société des études historiques de Paris.

Un volume in-8º de 400 pages.

Prix : 12 francs.

DESCRIPTION DE NOTRE-DAME (Cathédrale de Paris), par de Guilhermy et E. Viollet-le-Duc.

Un volume in-12, illustré de 5 vignettes gravées sur bois et imprimées à part.

Prix, cartonné à l'anglaise, 3 fr.

DESCRIPTION DU CHATEAU D'ARQUES.

Brochure in-8º, illustrée de vignettes gravé sur bois.

Prix : 75 c.

DESCRIPTION DU CHATEAU DE COUCY par E. Viollet-le-Duc. Nouvelle édition entièrement refondue.

Brochure in-8º, illustrée de vignettes gravées sur bois.

Prix : 1 fr. 25.

DESCRIPTION DU CHATEAU DE PIERREFONDS, par E. Viollet-le-Duc. Cinquième édition entièrement refondue.

Brochure in-8º, illustrée de vignettes gravées sur bois.

Prix : 1 fr. 25.

DICTIONNAIRE BIOGRAPHIQUE DES ARTISTES FRANÇAIS, du XIIᵉ au XVIIᵉ siècle, par A. Bérard. Suivi d'une table chronologique et alphabétique comprenant, en vingt classes, les arts mentionnés dans l'ouvrage.

Un volume in-8º de 863 pages, imprimées sur deux colonnes.

Prix, broché : 12 francs.

DICTIONNAIRE DES ARCHITECTES FRANÇAIS, par Adolphe Lance, architecte. Comprenant plus de 1,650 notices, 27 planches reproduisant des sceaux ou des signatures autographes, avec table analytique des matières, noms de personnes, lieux et édifices mentionnés dans l'ouvrage.

2 vol. grand in-8º de 400 pages environ chacun.

Prix, broché : 25 francs.

DICTIONNAIRE DES TERMES EMPLOYÉS DANS LA CONSTRUCTION, et concernant la connaissance et l'emploi des matériaux, l'outillage qui sert à leur mise en œuvre, la législation des bâtiments, etc., par Pierre Chabat, architecte.

2 volumes grand in-8º avec plus de 3,000 figures intercalées dans le texte,

Prix, broché : 70 francs.

DICTIONNAIRE RAISONNÉ DE L'ARCHITECTURE FRANÇAISE du XIᵉ au XVIᵉ siècle, par E. Viollet-le-Duc.

Dix volumes in-8º, dont un de tables, illustrés de 3745 bois gravés et du portrait de l'auteur gravé par Massard.

Prix des 10 volumes brochés : 250 francs.

Édition de luxe, sur papier de Hollande, numérotée de 1 à 100.

Prix : 500 francs.

DICTIONNAIRE RAISONNÉ DU MOBILIER FRANÇAIS de l'époque Carlovingienne à la Renaissance, par E. Viollet-le-Duc.

Six volumes comprenant : 2958 pages de texte, 2024 gravures sur bois dans le texte, 20 gravures sur acier, 58 gravures sur bois tirées hors texte et 43 chromolithographies.

Édition grand in-8º.

Prix, broché : 300 francs.

Édition de luxe, numérotée de 1 à 100, sur papier de Hollande, in-8º raisin.

Prix, broché : 600 francs.

LES DIX LIVRES D'ARCHITECTURE de Vitruve (avec les notes de Perrault). Nouvelle édition revue, corrigée, et augmentée d'un grand nombre de planches et des notes importantes, par E. Tardieu et A. Coussin fils, architectes.

Trois volumes grand in-4º, y compris l'atlas de 94 planches gravées dont plusieurs sont doubles, cartonnés en deux volumes seulement.

Prix : 35 francs.

LES ÉCOLES PUBLIQUES, en France et en Angleterre ; Construction et installation.

par Félix Narjoux, architecte de la ville de Paris.

Un volume grand in-8° de 340 pages de texte, illustrées de 154 figures.

Prix : 7 fr. 50 c.

ÉDIFICES (LES) CIRCULAIRES et les dômes, classés par ordre chronologique et considérés sous le rapport de leur disposition, de leur construction et de leur décoration, par E. Isabelle, architecte.

Soixante-dix-huit planches in-folio, demi-colombier, et un texte historique et explicatif de 150 pages, même format.

Prix, cartonné : 200 francs.

ÉDIFICES DE ROME MODERNE, dessinés, mesurés et décrits, par Paul Letarouilly.

Trois volumes grand in-folio colombier, contenant 355 planches gravées, avec le portrait de l'auteur et le plan de Rome, et trois tomes de texte en 1 volume in-4°, d'environ 800 pages, ornées de gravures sur bois.

Prix. en feuilles. . . . . 366 fr.<br>— cartonné, . . . . . 390 »

ÉGLISE (L') ET LE MONASTÈRE DU VAL-DE-GRACE (1645-1665), par V. Ruprich-Robert, architecte.

Un volume grand in-4° comprenant 130 pages de texte illustré et 15 planches gravées.

Édition ordinaire : prix, broché. 30 fr.<br>Édition sur papier de Hollande,<br>tirée à 25 exemplaires. . . . 50 »

ÉGLISE SAINT-EUSTACHE à Paris, mesurée, dessinée, gravée et publiée par Victor Calliat, architecte ; avec un Essai historique sur l'Église et le quartier Saint-Eustache.

Onze planches in-folio, avec texte.

Prix : 25 francs.<br>Cartonné : 30 francs.

ÉGLISES DE BOURGS ET VILLAGES, par A. de Baudot, architecte.

Deux volumes grand in-4° jésus, comprenant 150 planches, accompagnées d'un texte illustré.

Prix, en carton. . . . . 120 fr.<br>— relié. . . . . . . 140 »

ENCYCLOPÉDIE D'ARCHITECTURE (1ʳᵉ série), par Victor Calliat, architecte de la ville de Paris, et Adolphe Lance, architecte du gouvernement.

Douze volumes in-4° contenant chacun 120 planches gravée ou chromolithographiées, et un texte de 192 colonnes in-4° par M. Adolphe Lance ; chacun des volumes se vend séparément.

Prix du volume. . . . . . . . 40 fr.<br>Les 12 volumes en cartons. 400 »

ENTRETIENS SUR L'ARCHITECTURE, par E. Viollet-le-Duc.

Deux volumes in-8° et deux atlas.

Prix : 80 francs.

ÉTUDES DE DÉCORATIONS, DES XVIᵉ, XVIIᵉ, XVIIIᵉ ET XIXᵉ SIÈCLES, par Rodolphe Pfnor.

Vingt planches, format in-plano. — Dessins exécutés d'après nature, grandeur d'exécution ou 3/4, 2/3, 1/2 d'exécution.

Prix, en carton : 30 francs.

ÉTUDES RELATIVES A L'ART DES CONSTRUCTIONS, par L. Bruyère, directeur général des travaux publics de Paris.

Douze recueils grand in-folio, contenant 184 planches, avec texte explicatif.

Prix, cartonné : 100 francs.

Chaque recueil se vend séparément 12 francs.

ÉTUDES SUR L'ART FUNÉRAIRE MODERNE, dans ses conceptions les plus pratiques : Chapelles, sarcophages, stèles, croix, parallèle des différents genres de construction, ornements allégoriques, par J. Boussard, architecte.

Un volume grand in-folio, comprenant 200 planches reproduisant un grand nombre de motifs en projection géométrale, avec détails, plans, coupes, profils, échelles et cotes.

Prix, en carton : 120 francs.

ÉTUDES THÉORIQUES ET PRATIQUES SUR LE BEAU PITTORESQUE dans les arts du dessin, par J.-B. Laurens.

3ᵉ édition. — Un volume grand in-8° de 96 pages de texte, accompagnées de 38 planches, même format, dessinées sur pierre par l'auteur.

Prix, broché : 20 francs.

EXCURSION EN ITALIE : Aix-les-Bains, Chambéry, Turin, Novare, Milan, Brescia, Vérone, Padoue, Venise, Murano, Torcello, le lac Majeur, le lac de Côme, par Adolphe Lance, architecte.

2ᵉ Édition illustrée de 15 eaux-fortes, par Léon Gaucherel.

Un volume in-8° de 400 pages environ.

Prix, broché : 20 francs.

EXEMPLES DE DÉCORATION, appliqués à l'architecture et à la peinture, depuis l'antiquité jusqu'à nos jours, par Léon Gaucherel, dessinateur et graveur.

Un volume in-4° jésus, composé de 120 planches et d'un frontispice gravés sur acier, avec texte, titre et table.

Prix, cartonné : 60 francs.

EXTRAITS DU JOURNAL MANUEL DE PEINTURES. — Voir : Modèles d'attributs, Modèles de bois, Modèles de lettres, Modèles de marbres, Motifs de décoration.

FERMES MODÈLES, par Roux, architecte-ingénieur.

Un volume de 60 planches in-folio, avec texte.

Prix : 25 francs.

FONTAINES DE PARIS, par Moisy et Normand.

In-folio de 48 planches gravées au trait.

Prix : 12 francs.

FRAGMENTS D'ARCHITECTURE : Égypte, Grèce, Rome, Moyen âge, Renaissance, Age moderne, etc., avec notices descriptives, par Pierre Chabat, architecte; publiés sous le Patronage de l'École spéciale d'Architecture, pour servir aux études et aux exercices préparatoires de cette école.

60 planches, publiées en deux séries de 30 planches.

Prix de l'ouvrage complet, en carton : 45 francs.

FRAGMENTS D'ARCHITECTURE ET DE SCULPTURE, dessinés d'après nature et autographiés par G. Bourgerel, architecte.

Un volume in-folio, contenant 101 planches autographiées.

Prix, en feuilles. . . . . . . 50 fr.
— relié. . . . . . . . . 60 »

GAZETTE DES ARCHITECTES ET DU BATIMENT (1ʳᵉ série), publiée sous la direction de Viollet-le-Duc Fils, Secrétaire-adjoint de la Commission des monuments historiques, Corroyer et A. de Baudot, architectes.

Sept volumes in-4°, comprenant 400 pages environ chacun, avec gravures intercalées.

Prix de la collection, brochée . . . 175 fr.
Chaque volume séparément . . . . 25 »

HERCULANUM ET POMPÉI, texte explicatif, par L. Barré.

Huit volumes in-8°, illustrés de plus de 700 planches gravées sur acier. Le 8ᵉ volume est consacré au *Musée secret*.

Prix, cartonné : 127 francs

HISTOIRE CRITIQUES DES ORIGINES ET DE LA FORMATION DES ORDRES GRECS, par Charles Chipiez, architecte.

Un volume grand in-4°, comprenant 384 pages de texte, illustrées de 166 figures dont 32 figures tirées séparément.

Prix, broché : 25 francs.

HISTOIRE DE L'ARCHITECTURE EN FRANCE. Ses caractères aux différentes époques, depuis les temps les plus reculés jusqu'à nos jours, par Léon Château, directeur des études de l'École professionnelle d'Ivry-sur-Seine.

Un volume in-18 broché, de 600 pages de texte, illustré d'environ 150 gravures sur bois.

Prix : 7 fr. 50 c.

HISTOIRE DE L'ART DE LA VERRERIE dans l'antiquité, par Achille Deville, ancien directeur du Musée des Antiquités de Rouen.

Quatorze feuilles de texte grand in-4°, avec gravures intercalées, et 113 planches en couleur contenant le dessin de près de 400 objets divers.

Prix, en carton : 150 francs.

Il ne reste plus qu'un petit nombre d'exemplaires.

HISTOIRE DE L'HABITATION HUMAINE, depuis les temps préhistoriques jusqu'à nos jours. Texte et dessins, par E. Viollet-le-Duc.

Un volume in-8° de 372 pages, illustré de gravures dans le texte et d'une planche en couleur.

Prix, broché : 9 francs.

HISTOIRE DE L'ORNEMENT RUSSE, du Xᵉ au XVIᵉ siècle, d'après les manuscrits; texte historique et descriptif par S. Ex. M. V. de Boutowsky, Directeur du Musée d'Art et d'Industrie de Moscou.

100 planches imprimées en couleur, reproduisant en *fac-simile* 1,332 ornements divers du xᵉ au xvıᵉ siècle, et 100 planches imprimées à deux teintes représentant des motifs isolés et agrandis.

Ouvrage complet : 400 francs.

HISTOIRE DES ARTS INDUSTRIELS au moyen âge et à l'époque de la Renaissance, par Jules Labarte, membre de l'Institut. PREMIÈRE ÉDITION.

Quatre volumes de texte (in-8° ou in-4°), illustrés de 70 gravures sur bois, et deux volumes (albums in-4°) composés de 150 planches, dont 119 en chromolithographie, 19 en lithophotographie teintée sur chine, 7 en lithophotographie sur chîne, 3 en lithographie sur chine et 2 gravées sur cuivre, avec texte explicatif en regard.

*Édition ordinaire.* Texte imprimé sur format in-8°. Prix, relié. . . . . . . . . . . 1,200 fr.

*Édition de luxe.* Texte in-4° tiré à 100 exemplaires numérotés. Prix, relié. . . . . 1,500 fr.

Il ne reste que quelques exemplaires.

DEUXIÈME ÉDITION.

3 volumes in-4° comprenant : 1° le texte complet, revu et corrigé, de la première édition, auquel l'auteur a fait de nombreuses additions ; — 2° 81 planches placées en regard de la page du texte où il est question des chefs-d'œuvre qu'elles représentent ; — 3° 85 vignettes gravées sur bois, servant d'illustrations au texte.

*Édition ordinaire,* prix broché : 300 fr.

*Édition de luxe,* sur papier de Hollande, numérotée de 1 à 100.

Prix, broché : 600 francs.

**HISTOIRE D'UNE FORTERESSE.** Texte et dessins, par E. Viollet-le-Duc.

Un volume in-8° de 370 pages, illustré de gravures dans le texte et de 8 planches en couleur.

Prix, broché : 9 francs.

**HISTOIRE D'UNE MAISON.** Texte et dessins par E. Viollet-le-Duc.

Un volume in-8° de 260 pages, illustré de nombreuses gravures dans le texte et de 4 planches en couleur.

Prix, broché : 7 francs.

**HOTEL DE VILLE DE PARIS,** mesuré, dessiné et gravé par Victor Calliat, architecte, avec une histoire de ce monument, par Leroux de Lincy.

Un magnifique in-folio, composé de 2 atlas demi-grand aigle, comprenant : 44 planches représentant les plans, façades, coupes et détails de construction ; une planche reproduisant les sceaux de la ville, et 166 pages de texte illustré de 5 culs-de-lampe et donnant une description complète du monument, tant sous le rapport architectural que sous le rapport historique.

Prix : 200 francs.

Il ne reste que quelques exemplaires.

**L'IMITATION DE JÉSUS-CHRIST,** fidèlement traduite du latin, par Michel de Marillac, garde des sceaux de France. Nouvelle édition, accompagnée des plus beaux spécimens des manuscrits du moyen âge, du VIII<sup>e</sup> au XVII<sup>e</sup> siècle.

Deux volumes in-4° jésus, dont un imprimé en couleur et or.

Prix : cartonné, 275 francs.

**INVENTIONS DÉCORATIVES.** Choix de compositions et de motifs d'ornementation, par L. Solon, sculpteur attaché à la manufacture de Sèvres.

Cinquante planches gravées à l'eau-forte par L. Solon et A. Chapron.

Prix, en carton : 40 francs.

**ITINÉRAIRE ARCHÉOLOGIQUE DE PARIS.** Description archéologique des monuments de Paris, par de Guilhermy, membre de la commission des édifices religieux. Nouvelle édition.

Un volume in-12 de 400 pages, illustré de 15 gravures sur acier, de 22 gravures sur bois et d'un plan de Paris.

Prix : 8 francs.

**LE LATRAN AU MOYEN AGE**, par G. Rohault de Fleury. Monographie récompensée de la première médaille au Salon de 1874.

L'ouvrage comprend : un volume in-folio composé de 67 planches gravées par l'auteur et d'un texte explicatif des planches, même format ; 2° un volume in-8° de 600 pages, contenant une étude historique et descriptive de l'ancien Latran.

Prix, en carton : 75 francs.

**LETTRES SUR LA TOSCANE.** En 1400, Architecture civile et militaire, par Georges Rohault de Fleury, membre des académies des Beaux-Arts de Florence et de Pise.

Deux volumes grand in-8° de 400 pages environ chacun, avec figures intercalées.

Prix : 25 francs.

**MAISONS DE CAMPAGNE.** Habitations rurales, châteaux, fermes, plans de jardins de France, d'Angleterre et d'Allemagne, décorations de jardins, etc., par Krafft, architecte.

Un volume grand in-folio, cartonné, comprenant 292 planches, avec texte explicatif.

Prix : 80 francs.

**MAISONS (LES) DE PLAISANCE** les plus célèbres de Rome et de ses environs, par Percier et Fontaine.

Un volume grand in-folio, comprenant un texte illustré et 77 planches, sur papier de Hollande.

Prix, cartonné : 100 francs.

**MARBRERIE (LA),** par L. Gilbert.

Cent vingt planches gravées renfermées dans un carton.

Prix : 90 francs.

**MÉMOIRE SUR LA DÉFENSE DE PARIS,** ( septembre 1870 — Janvier 1871 ), par E. Viollet-le-Duc.

Un volume in-8º broché, de 300 pages, avec bois intercalés dans le texte, et un atlas in-4º de 12 cartes gravées par M. Ehrard, imprimées en couleur, relatives aux travaux et opérations militaires des armées françaises et allemandes aux environs de Paris.

Prix : 25 francs.

### MÉMOIRE SUR LES INSTRUMENTS DE LA PASSION de N.-S. J.-C., par Ch. Rohault de Fleury.

Un volume grand in-4º, de 416 pages de texte, très-fort et beau papier vergé, orné de 23 planches sur acier et de nombreuses gravures intercalées dans le texte.

Prix, broché : 40 francs.

### MEUBLES ( LES ) de Du Cerceau, héliogravure de E. Baldus.

Série complète. — 52 planches in-folio, dont une de titre, sur papier de Hollande.

Prix : 52 francs.

### MEUBLES D'ART. OEuvres décoratives choisies dans les collections célèbres, par Édouard Liévre.

Trente planches gravées, accompagnées d'un texte explicatif et descriptif.

Prix, en carton : 50 francs.

### MODÈLES D'ATTRIBUTS (Extrait du Journal-Manuel de Peintures).

Quarante planches dont : 20 planches en couleur et 20 planches noires, donnant des modèles d'attributs pour décoration de magasins et boutiques de commerce divers.

Prix, en carton : 60 francs.

### MODÈLES DE BOIS (Extrait du Journal-Manuel de Peintures).

Cinquante planches en couleur, modèles de bois employés dans la décoration, avec texte expliquant la manière pratique de les exécuter.

Prix, en carton : 90 francs.

### MODÈLES DE DESSIN de l'École spéciale d'architecture, publiés avec l'autorisation du conseil de l'école.

La collection se compose de 13 planches de trois formats différents imprimées en couleur :

Chaque planche séparément.

Format 50 sur 36. Prix : 1 fr. 50.

Format 72 sur 50. Prix : 2 fr. 50.

Format 100 sur 72. Prix : 10 et 20 francs.

### (MODÈLES DE LETTRES) Extrait du Journal-Manuel de Peintures.

Trente planches en couleur, donnant des modèles divers pour enseignes, inscriptions, etc.

Prix, en carton : 50 francs.

### MODÈLES DE MARBRERIE, par Bury, architecte.

Un volume in-folio de 72 planches.

Prix : 20 francs.

### MODÈLES DE MARBRES (Extrait du Journal-manuel de Peintures).

Cinquante planches en couleur, modèles de marbres employés dans la décoration, avec texte expliquant la manière pratique de les exécuter.

Prix en carton : 90 francs.

### MODÈLES DE MENUISERIE, par Bury, architecte.

1 volume in-folio de 72 planches, avec texte.

Prix : 20 fr.

### MONOGRAPHIE DE CHEVREUSE. Étude archéologique, par Claude Sauvageot.

1 volume grand in-4º, comprenant 6 feuilles de texte explicatif, illustré de 23 gravures sur bois, et 26 planches gravées par Cl. Sauvageot.

Édition ordinaire. . . . . . . . . . . 40 fr.

Édition sur papier de Hollande, numérotée de 1 à 25. . . . . . . . . 70 »

### MONOGRAPHIE DE L'HOTEL DE VILLE DE LYON, par T. Desjardins, architecte en chef de la ville de Lyon, accompagnée d'un texte descriptif.

Un volume in-folio, comprenant 76 planches gravées ou en couleur, et près de 20 feuilles de texte illustré.

Prix, en carton. . . . . . . . . . 160 fr.

Édition sur chine . . . . . . . . 200 »

— grand format sur chine . 240 »

### MONOGRAPHIE DE NOTRE-DAME DE PARIS et de la nouvelle sacristie, de Lassus et E. Viollet-le-Duc.

63 planches gravées par Hibon, Ribault, Normand, etc., 12 photographies, 5 planches en chromolithographie et une notice historique de M. Celtibère, architecte.

1 volume grand in-folio, comprenant 80 planches et un texte.

Prix : 120 fr.

### MONOGRAPHIE DU CHATEAU DE HEIDELBERG, dessinée et gravée par R. Pfnor.

*Première édition.* — Un volume in-fº, comprenant 24 planches gravées sur cuivre, accompagnées de 4 feuilles de texte, par M. Daniel Ramée, illustrées de gravures intercalées et donnant une histoire succincte du château.

Prix, en carton : 60 francs.

*Deuxième édition.* — Comprenant les mêmes planches que la première, mais sans le texte.

Prix, en carton : 50 francs.

MONOGRAPHIE DU CHATEAU DE MARLY-LE-ROI, par Aug.-Alex. Guillaumot, dessinateur et graveur.

Un volume grand in-folio composé d'un texte historique et descriptif dans lequel sont intercalées vingt-huit gravures sur acier, et de trente planches également gravées sur acier.
L'ouvrage complet.—Prix, en carton : 75 francs.
Le supplément, comprenant 16 planches, gravées sur acier, et les tables.
Prix : 25 francs.

MONOGRAPHIE DU PALAIS DE FONTAINEBLEAU, par R. Pfnor.

*Première édition.* — Deux magnifiques volumes comprenant 150 planches, dont 5 en chromolithographie, et un texte illustré.
Prix en carton : Édition in-folio . . . . . . 400 fr.
— — sur papier de Chine 475 »
— — grand in f° sur papier de Chine. . 550 ».
Il ne reste plus de cette édition que quelques exemplaires.
*Deuxième édition.* — Comprenant les mêmes planches que la première, mais sans le texte.
L'ouvrage complet, 150 planches avec tables explicatives.
Prix, en carton. . . . . . 180 fr.
Prix de chaque volume pris séparément.
En carton. . . . . . 100 fr.

MONOGRAPHIE DU PALAIS DU COMMERCE , édifié à Lyon, par René Dardel, ancien architecte en chef de la ville de Lyon, accompagnée d'un texte descriptif.

Un volume in-folio comprenant 48 planches gravées ou en couleur, et 8 feuilles de texte illustré.
Prix, en carton. . . . . . . 100 fr.
Édition sur chine. . . . . . 125 »
Grand format sur chine . . . 150 »

MONUMENTS ANCIENS ET MODERNES, Collection formant une histoire de l'architecture des différents peuples à toutes les époques, publiée par Jules Gailhabaud, avec la collaboration des principaux archéologues.

4 volumes in-4° composés de 400 planches gravées et d'un texte historique et descriptif.
Prix, broché . . . 300 fr.
— relié. . . . . 340 »

MONUMENTS D'ARCHITECTURE, de sculpture et de peinture de l'Allemagne, depuis l'établissement du christianisme jusqu'aux temps modernes, publiés par Ernest Förster; texte traduit par W. et E. de Suckau.

Huit volumes grand in-4°, dont quatre volumes d'architecture, deux volumes de peinture et deux volumes de sculpture.
Prix, brochés 400 fr.

MONUMENTS DE L'ARCHITECTURE CHRÉTIENNE, depuis Constantin jusqu'à Charlemagne, et de leur influence sur le style des constructions religieuses des époques postérieures, par le Dr Hubsch.

Un volume in-folio composé de 63 planches, dont 43 planches gravées, 10 planches avec plusieurs teintes et 10 chromolithographies.—Chaque monographie est accompagnée d'un texte explicatif.
Prix : 150 fr.

MONUMENTS (LES) DE PISE au moyen âge, par Georges Rohault de Fleury, architecte.

Un volume de texte in-8°, illustré de figures, et un atlas de 66 planches, gravées sur cuivre, format in-folio.
Prix en carton. . . . . 60 fr.
— relié. . . . . . . 75 »

MONUMENTS FUNÉRAIRES, choisis dans les cimetières de Paris et des principales villes de France, dessinés et gravés par L. Normand.

Un volume in-folio contenant 144 planches gravées au trait, avec une table explicative.
Prix, relié : 100 francs.

MONUMENTS MODERNES DE LA PERSE, mesurés, dessinés et décrits par Pascal Coste, architecte; publiés par ordre du ministre des Beaux-Arts.

Soixante et onze planches grand in-folio, gravées ou imprimées en chromolithographie, et un texte illustré, même format.
Prix, en carton . . . . . 160 fr.
— relié. . . . . . . 175 »

MOTIFS DE DÉCORATION. Cinquante planches en couleur, extraites du *Journal-Manuel de Peintures.*
Prix, en carton . . . . . 90 fr.
— reliées. , . . . . . 100 »

MOTIFS DE SERRURERIE.
Un album de 200 planches, format in-4°, tirées avec blanc au verso et comprenant plus de 700 motifs, avec titres et tables.
Prix, broché : 40 francs.

MUSÉE DE PEINTURE ET DE SCULPTURE, ou Recueil des principaux tableaux, statues et bas-reliefs des collections publi-

ques et particulières de l'Europe, par Réveil.
Deuxième édition, accompagnée de notices
descriptives, critiques et historiques par
R. et L. Ménard.

Dix volumes in-18, comprenant 1,172 gravures
au trait, par Réveil.

Prix, brochés . . . . . . . . . . . . 120 fr.
Demi-reliure d'amateur, sur onglet. . 150 »

NOTES DE VOYAGE D'UN ARCHI-
TECTE dans le Nord-Ouest de l'Europe.
Croquis et descriptions, par Félix Narjoux,
architecte.

Hollande. — Allemagne. — Danemark.

Un volume in-8⁰ de 467 pages, avec 214 figures
intercalées dans le texte ou tirées à part sur papier
teinté.

Prix, broché. . . . 20 francs.

Édition de luxe, sur papier de Hollande, tirée
à 50 exemplaires.

Prix, broché . . . 40 francs.

NOUVEAU TRAITÉ DES CINQ ORDRES
D'ARCHITECTURE, d'après J. A. de Vignole,
dessiné par Détournelle, architecte, et gravé
au trait par Normand, Hibon, Ribault et
Thierry.

Un volume in-4⁰ de 21 planches, avec texte.

Prix : 5 francs.

NOUVEAUX MÉLANGES D'ARCHÉOLO-
GIE, d'Histoire et de Littérature, sur le
Moyen Age, par les auteurs des vitraux de
Bourges, (les PP. Ch. Cahier et Arth. Mar-
tin) ; collection publiée par le P. Ch.
Cahier.

1ᵉʳ vol. *Curiosités mystérieuses* ; 2ᵉ vol. *Ivoires,
miniatures, émaux* ; 3ᵉ vol. *Décorations d'églises.*

3 volumes in-4⁰, de 300 pages environ chacun,
avec gravures sur bois dans le texte et planches
en taille-douce.

Prix, brochés. . . . 120 fr.

Chaque volume se vend séparément. Prix : 40 »

NOUVEAUX TARIFS POUR LE CUBAGE
DES BOIS, par J. Jacquet.

Un volume petit in-8⁰, contenant 304 pages de
calculs tout faits.

Prix : 4 francs

NOUVELLE THÉORIE SIMPLIFIÉE DE
LA PERSPECTIVE, par David Sutter. Ou-
vrage approuvé par l'Académie des Beaux-
Arts.

Un volume grand in-4⁰, comprenant 60 planches
gravées sur acier, et 50 pages de texte.

Prix, broché : 40 francs.

OEUVRE (L') DE BOUCHER, reproduit
d'après la gravure des dessins originaux,
par Émile Wattier.

Soixante-quatre planches in-folio.

Prix, en carton : 65 francs.

OEUVRES DE FLAXMAN, sculpteur anglais.

Un volume in-folio, contenant 150 planches gravées avec texte.

Prix, en carton. . . . . . ⸳ 40 fr.
— relié . . . . . . . 50 »

OEUVRE DE JACQUES ANDROUET DIT
DU CERCEAU. Reproduit par l'héliogravure
de E. Baldus. — Voir, les Cheminées,
les Meubles, les Grandes Arabesques, les
Petites Arabesques.

OEUVRE DE JEAN GOUJON. Gravé d'après
ses statues et ses bas-reliefs, par Réveil.
Nouvelle édition, accompagnée d'un texte
biographique et de tables explicatives des
planches.

Un volume petit in-folio, composé d'un texte et
de 88 planches gravées.

Prix, en carton. . . . . 65 fr.
— relié. . . . . . . . 75 »

OEUVRE DE JEHAN FOUCQUET, comprenant 1⁰ Heures de Maître Estienne Che-
valier, trésorier général de France, sous les
rois Charles VII et Louis XI ;

2⁰ Reproduction des miniatures de Foucq-
quet ;

3⁰ Notices descriptives des miniatures,
par le R. P. Charles Cahier, de la Compa-
gnie de Jésus ;

4⁰ Notices historiques et archéologiques,
par M. Vallet de Viriville.

L'ouvrage complet, deux volumes in-4⁰ cavalier.

Prix, cartonné : 370 francs.

OEUVRE DE MARC-ANTOINE RAIMON-
DI, reproduit par l'héliogravure de E. Baldus. Les plus belles gravures de cet illustre
maître, d'après Raphaël, Michel-Ange et
l'antique.

Vingt-cinq planches in-folio sur papier de Hollande.

Prix : 50 francs.

ORFÉVRERIE (L') FRANÇAISE, les bronzes
et la céramique, par E. Julienne.

Un volume in-folio de 48 planches imprimées
à deux teintes, avec légende en anglais, allemand
et français.

Prix : 40 francs.

ORNEMENTATION (L') AU XIXᵉ SIÈCLE, par Michel Liénard, Gsell et Rambert.

Vingt-quatre planches de 72 sur 55 centim.

Prix, en carton : 55 francs.

ORNEMENT (L') POLYCHROME. Recueil historique et pratique, publié sous la direction de A. Racinet.

Cent planches en couleur, or et argent, contenant environ 2,000 motifs de tous les style, et une notice historique.

Prix, en carton : 150 francs.

ORNEMENTS TIRÉS DES QUATRE ÉCOLES, reproduction des œuvres des xvᵉ, xvıᵉ, xvııᵉ, xvıııᵉ et xıxᵉ siècles.

410 planches in-4° divisées en quatre séries et renfermées dans deux cartons.

Prix : 120 francs.

PALAIS, CHATEAUX, HOTELS ET MAISONS de France, du xvᵉ au xvıııᵉ siècle, par Claude Sauvageot, dessinateur et graveur.

Quatre volumes petit in-folio, comprenant 300 planches environ, et un texte illustré, historique et explicatif, joint à la monographie de chaque monument.

Prix, en carton . . . . . 260 fr.
— reliés . . . . . . . 300 »

PALAIS DU LOUVRE ET DES TUILERIES. Motifs de décorations, intérieures et extérieures, reproduits par les procédés d'héliogravure de E. Baldus.

Première partie, décorations intérieures, 100 planches in-folio.

Prix : 150 francs.

Deuxième partie, décorations extérieures, 100 planches in-folio.

Prix : 150 francs.

Troisième partie, décorations intérieures, et extérieures, 100 planches in-folio.

Prix : 150 francs.

L'ouvrage complet, en carton : 450 francs.

PARALLÈLE DES MAISONS DE PARIS, construites depuis 1830 jusqu'à nos jours, publié sous la direction de Victor Calliat, architecte. Deux volumes in-folio de 246 planches, gravées sur acier.

Première partie (Tome 1ᵉʳ). Constructions élevées à Paris de 1830 à 1850.

Un volume in-folio de 126 planches, dont une en chromolithographie.

Prix, cartonné : 100 francs.

Deuxième partie (Tome IIᵉ) : Constructions élevées de 1850 jusqu'à nos jours.

Un volume in-folio de 120 planches.

Prix, cartonné : 100 francs.

Les deux volumes se vendent séparément.

PARCS (LES) ET JARDINS, créés et exécutés par F. Duvillers, architecte, ingénieur, paysagiste.

Quarante planches in-folio jésus avec titres, table et texte explicatif.

Prix de l'ouvrage complet :
Édition en noir. . . . . 100 fr.
Édition en couleur. . . 130 »

PAVILLONS (LES) DU LOUVRE, par E. Baldus. Pavillons Richelieu, Turgot, Sully et de l'Horloge (hauteur, 1 m. 17 cent. sur 84 cent. de largeur).

Chacune de ces photographies se vend séparément.

Prix : 35 francs.

PETITES MAISONS DE VILLE ET DE CAMPAGNE, par Duval, Kauffmann, et Renaud, architectes.

Un volume de 60 planches in-folio, avec texte.

Prix : 30 francs.

PLAN DE ROME, par Paul Letarouilly.

Une feuille in-plano, gravée.

Prix : 8 francs.

PORTES MONUMENTALES de la Grèce et de l'Italie, par T.-L. Donaldson, architecte.

Grand in-4° de 26 planches, avec texte.

Prix, broché : 6 francs.

PRINCIPAUX (LES) MONUMENTS FUNÉRAIRES du Père-Lachaise et autres cimetières de Paris, par Rousseau et Lassalle.

Un volume de soixante-douze planches, imprimées en deux teintes, et montées sur onglet.

Prix : 45 francs.

PRINCIPES D'ORNEMENTS pour l'étude de l'architecture, par Salambier.

Un volume de 40 planches in-folio.

Prix : 10 francs.

PROPORTIONS (LES) DU CORPS HUMAIN, mesurées sur les plus belles figures de l'antiquité, et gravées par Gérard Audran.

Un volume in-folio de 30 planches gravées, avec titre explicatif.

Édition originale. Prix : 9 francs.

PSYCHÉ ET L'AMOUR. Trente-deux compositions de Raphaël, gravées au trait par Marchais, et expliquées par l'abrégé de l'épisode du roman d'Apulée qui en a fourni les sujets.

Petit in-folio de 33 planches avec texte.

Prix, en carton : 25 francs.

RECHERCHES SUR LES DRAPEAUX FRANÇAIS. Oriflamme, bannière de France, marques nationales, couleurs du roi, drapeaux de l'armée, pavillons de la marine, par Gustave Desjardins, ancien élève de l'École des Chartes.

Un volume grand in-8º, comprenant 43 planches dont 41 en chromolithographie, 180 pages de texte avec 56 gravures intercalées, et un frontispice reproduisant le fac simile d'un dessin inédit d'Eisen : la France aux couleurs du Roy, en 1777.

Prix, broché : 50 francs.

RECUEIL D'ÉDIFICES D'ARCHITECTURE gothique, romane et de la Renaissance, par Pollet, architecte; suivi d'un essai sur la décoration et l'ameublement des monuments de ces diverses époques, gravé par Roux aîné.

Un volume in-folio de 60 planches, avec texte.

Prix : 25 francs.

RECUEIL DE MENUISERIE et de décorations intérieures et extérieures, par Thiollet.

Un volume in-folio de 72 planches, avec texte.

Prix : 20 francs.

RECUEIL DE SCULPTURES GOTHIQUES, dessinées et gravées d'après les plus beaux monuments construits en France depuis le xıᵉ jusqu'au xvᵉ siècle, par L.-G. Adams, architecte.

Deux volumes in-4º, contenant 192 planches gravées.

Prix, en carton : 144 francs.

RECUEIL DES TOMBEAUX les plus remarquables exécutés de nos jours, reproduits en perspective, par J. Boussard, architecte.

Un album, comprenant 52 planches reproduisant plus de 100 tombeaux.

Prix : 50 francs.

RECUEIL D'ORNEMENTS, d'après les maîtres les plus célèbres des xvᵉ, xvıᵉ, xvııᵉ, et xvıııᵉ siècles; reproduits par l'héliogravure de E. Baldus.

Cent planches in-folio sur papier de Hollande.

Prix : 100 francs.

RENAISSANCE (LA) MONUMENTALE en France. Spécimens de composition et d'ornementation architectoniques empruntés aux édifices construits depuis le règne de Charles VIII jusqu'à celui de Louis XIV, par Adolphe Berty.

Deux volumes grand in-4º composés de cent planches gravées. Un texte historique et descriptif accompagne chaque monographie.

Prix, broché : 90 francs.

RESTAURATION DU CHATEAU DE DIJON (Architecture militaire de Bourgogne), par Charles Suisse, architecte.

Un volume in-4º comprenant 80 pages de texte et 12 planches gravées ou en couleur.

Prix : 30 francs.

Édition de luxe sur papier de Hollande.

Prix : 60 francs.

SAINTE-CHAPELLE (LA) de Paris, après les restaurations commencées par Duban et terminées par Lassus; ouvrage exécuté sous la direction de Victor Calliat, architecte.

Un volume in-folio comprenant 78 planches dont 12 en chromolithographie, et un texte.

Prix : 45 francs.

SAINTE CHAPELLE (LA) du Palais, à Paris. Histoire archéologique, descriptive et graphique, par Decloux, architecte, et Doury, peintre.

Un volume in-folio, composé de 25 planches (dont 20 planches chromolithographiques, reproduisant toutes les peintures décoratives, et cinq planches gravées par A. Guillaumot) et de douze feuilles de texte.

Prix, en carton . . . . . 65 fr.
— relié . . . . . . . . 75 »

SAINTS (LES) ÉVANGILES, par F. Overbeck.

Album oblong avec texte en quatre langues : anglais, français, latin, allemand, comprenant 40 gravures sur papier de Chine.

Prix : 120 francs.

SCULPTURES, BAS-RELIEFS ET STATUES tirés du musée des antiquités et d'après Jean Goujon, Germain Pilon, etc. Dessins et gravures, par Vauthier et Lacour.

Un volume in-folio de 25 planches.

Prix, cartonné · 25 francs.

SOUANÉTIE (LA) LIBRE, Épisode d'un voyage à la chaîne centrale du Caucase, par Raphaël Bernoville.

Un volume grand in-4º jésus, comprenant : 176 pages illustrées de vignettes, d'après les dessins de l'auteur, 7 lithographies par J. LAURENS, et une carte in-plano jésus gravée par Erhard.

Édition ordinaire : prix, broché. . . 30 fr.

Édition sur papier de Hollande, tirée à 50 exemplaires. . . . . . . 50 »

SPÉCIMENS DE LA DÉCORATION et de l'ornementation au XIXᵉ siècle, par Liénard.

Cent vingt-sept planches divisées en trois séries : 1ʳᵉ série : *Livre d'ornements.* — 2ᵉ et 3ᵉ séries : *Spécimens de la décoration et de l'ornementation au XIXᵉ siècle.*

Prix, en carton : 125 francs.

STALLES DU CHŒUR DE LA CATHÉ-
DRALE D'AUCH, textes et dessins par L. Sancet, gravées par Aug. Guillaumot et sous sa direction.

Un volume petit in-folio, composé de soixante planches.

En feuilles, prix : 45 francs.

Relié, les planches montées sur onglet.

Prix : 52 francs.

SUITE AUX MÉLANGES D'ARCHÉO-
LOGIE, rédigés ou recueillis par les auteurs des vitraux de Bourges (les PP. Ch. Cahier et Arth. Martin). Collection publiée par le P. Ch. Cahier. Deuxième série. — Carre-
lages et tissus.

Deux volumes comprenant 250 planches grand in-4º jésus, imprimées en bistre.

Prix, en carton. . . . . . 100 fr.
— relié. . . . . . . . 125

SUPPLÉMENT A L'ART DE BATIR, par A. Blouet, architecte. Ce supplément complète le traité Jean Rondelet.

Deux volumes in-4º et un atlas in-folio de cent planches.

Prix : 60 francs.

TOMBEAUX DE LOUIS XII ET DE FRANÇOIS Iᵉʳ. Plans, coupes, élévations. Gravés d'après les marbres par Imbard, architecte.

Un volume in-folio de 29 planches.

Prix : 12 francs.

TOSCANE (LA) AU MOYEN AGE. Archi-
tecture civile et militaire, par Georges Rohault de Fleury, architecte, membre des Académies des Beaux-Arts de Florence et de Pise.

Deux volumes in-folio comprenant 140 planches gravées, accompagnées d'un texte explicatif illustré.

Prix, en carton : 180 francs.

TRAITÉ COMPLET, THÉORIQUE ET PRATIQUE DU CHAUFFAGE ET DE LA VENTILATION des habitations particulières et des édifices publics, par Ernest Bosc, architecte.

Un volume, in-8º jésus de 262 pages avec 250 figures dans le texte.

Prix, broché : 20 francs.

TRAITÉ DES CONSTRUCTIONS RU-
RALES, par Ernest Bosc, architecte.

Un volume in-8º jésus de 526 pages avec 580 figures tirées hors texte ou intercalées dans le texte.

Prix, broché : 30 francs.

TRAITÉ PRATIQUE DE LA COUPE DES PIERRES, précédé de toute la partie de la géométrie descriptive qui trouve son application dans la coupe des pierres, par Émile Lejeune, ancien élève de l'École centrale des arts et manufactures.

Un volume de texte in-4º de 600 pages et un atlas in-8º de 59 planches contenant 381 figures.

Prix, broché : 40 francs.

TRAITÉ PRATIQUE ET COMPLET DE TOUS LES MESURAGES, MÉTRAGES, JAU-
GEAGES de tous les corps. — Septième édition revue et augmentée par E. Sergent, ingénieur civil.

Deux volumes de texte in-8º, de 700 pages en-
viron chacun, avec atlas de 47 planches gravées en taille-douce renfermant plus de 2,000 figures.

Prix : 50 francs.

TRAITÉ THÉORIQUE ET PRATIQUE DE LA CONSTRUCTION DES PONTS MÉTAL-
LIQUES, par L. Molinos et C. Pronnier, ingénieurs civils.

Un volume in-4º, illustré d'un très-grand nom-
bre de gravures sur bois et en acier, accompagné d'un grand atlas de magnifiques gravures, contenant 48 demi-feuilles grand aigle.

Prix : 125 francs.

TRAITÉ THÉORIQUE ET PRATIQUE DES MOTEURS A VAPEUR, par Armengaud aîné, ingénieur.

Deux volumes de 500 pages de texte chacun, avec un grand nombre de gravures sur bois et un atlas de 50 planches gravées sur cuivre.

Prix, broché : 60 francs.

TRAITÉ THÉORIQUE ET PRATIQUE DES MOTEURS HYDRAULIQUES, par Armengaud aîné, ingénieur. — 2ᵉ édition cor-
rigée et augmentée.

Un volume de texte in-4º, de 600 pages, et un

atlas de 32 planches, les unes gravées sur cuivre, les autres gravées sur bois.

Prix, broché : 30 francs.

**TRAVAIL (LE) ET L'INDUSTRIE DE LA CONSTRUCTION.** Recherches et considérations sur leurs conditions économiques dans le passé, le présent et l'avenir, par Sauvage.

Un volume in-8° de 140 pages de texte, précédées d'une préface de M. Viollet-le-Duc.

Prix, broché : 8 francs.

**TRÉSOR DE L'ABBAYE DE SAINT-MAURICE D'AGAUNE,** décrit et dessiné par Édouard Aubert, membre de la Société des Antiquaires de France. (Ouvrage couronné par l'Académie des Inscriptions et Belles-Lettres au concours de 1873.)

Un volume grand in-4° en deux tomes, composé d'un texte de 250 pages environ, illustré de lettres ornées, frises et culs-de-lampe, et de 45 planches, même format, gravées ou en chromolithographie. L'ouvrage complet, broché : 75 francs.

**TROIS (LES) LIBVRES DE L'ART DU POTIER,** esquels se traicte, non-seulement de la practique, mais briefvement de tous les secrets de cette chouse qui iouxte mes huy a estée tousiours tenue célée ; du cavalier Cyprian Piccolpassi, Durantoys, translatés de l'italien en langue françoise par maistre Claudius Popelyn, Parisien.

Un volume in-4° avec 37 planches gravées comprenant plus de 100 figures.

Prix, broché : 15 francs.

**VASES LOUIS XVI,** par Charles Normand.

Dix planches originales gravées par l'auteur et imprimées sur chine.

Prix, en feuilles : 10 francs.

**VIGNOLE (LE) DES MÉCANICIENS** Essai sur la construction des machines, études des éléments qui les constituent, types et proportions des organes qui composent les moteurs, les transmissions de mouvement et autres mécanismes, par Armengaud aîné, ingénieur civil.

Un volume de texte in-4° de 700 pages environ avec 150 gravures sur bois, et un atlas in-folio de 40 planches gravées sur cuivre.

Prix : 40 francs.

**VIGNOLE,** traité élémentaire d'architecture, ou étude des cinq ordres d'après Jacques Barozzio de Vignole.

Nouvelle édition, composée, dessinée et classée par J.-A. Leveill, architecte, et gravée par Hibon.

Un volume grand in-4° de 72 planches.

Prix, broché : 10 francs.

**VITRAUX PEINTS** de la cathédrale du Mans, par E. Hucher.

Édition en noir — 20 planches et le texte.

Prix : 60 francs.

Édition en couleur.— 20 planches, coloriées à la main avec le plus grand soin, et le texte.

Prix : 150 francs.

Grande édition. — Il reste encore quelques exemplaires de la grande édition, d'où sont tirés les *Extraits* ci-dessus. Cent planches coloriées, format grand colombier, et 20 feuilles de texte, même format.

Prix, en carton : 450 francs.

**VOYAGE DANS LA PÉNINSULE ARABIQUE.** Du Sinaï et l'Égypte moyenne ; histoire, géographie, épigraphie, par Lottin de Laval, ancien chargé de missions scientifiques.

Trois volumes, savoir : 1° un volume in-4° de 356 pages de texte ; 2° un volume in-4° de 80 planches, comprenant 500 à 600 inscriptions ; 3° un volume in-folio, comprenant : 33 planches en lithographie et une carte de la péninsule arabique, grand format.

Prix des 3 volumes, en carton 200 : francs.

**VOYAGE EN ORIENT,** par Roger de Scitivaux, précédé d'une notice biographique par M. de Ludre, orné de vingt-cinq lithographies d'après les dessins de l'auteur, par Jules Laurens.

Un volume album, cartonné, toile pleine.

Prix : 60 francs.

*Le Catalogue général est adressé* FRANCO *contre toute demande par lettre affranchie*

PARIS. — Impr. J. CLAYE — A. QUANTIN et C, rue Saint-Benoît. — [1865]